運命を変える石の力

桑原みどり

成功する人は、なぜ
パワーストーンをつけているのか？

自由国民社

はじめに

自分の人生が、たったひとつの〝石〟で劇的に好転するとしたら、あなたはその石が欲しいですか？


「そんなの信じられないな」と疑う人。

「どうせインチキでしょ」と決めつける人。

「そんなうまい話があるか」と拒絶する人。

「ぜひ試してみたい！」と興味津々の人。


人それぞれだと思いますが、幸運の女神に愛されるのは、興味を示す人です。

なぜなら、自分の知識や経験を超えるものに対して、よく知らないまま否定する人より、未知のものごとに興味を持って行動を起こす人に、より多くのチャンスが舞い込む確率が高いからです。

この本に興味を持ってくださり、手に取ってページを開いているあなたも、幸運の女神に愛されている人といえます。


幸運をつかむコツは、まず知ろうとすることです。

私はいままで2万人のパワーストーンのブレスレットを作ってきましたが、幸運に恵まれ、成功しているお客さまほど、パワーストーンに深い興味を持ち、パワーストーンを上手に活用されています。

ひとりでも多くの方にパワーストーンについてもっとよく知っていただきたい。

ひとりでも多くの方にパワーストーンを活用してもっともっと幸せになっていただきたい。

——この本はそんな切なる思いで書いています。

単にこの石はこれに効くといった話ではなく、人類や地球の歴史にさかのぼって、なぜパワーストーンには人生を劇的に変化させるような力が宿っているのかということを、物理や自然科学、芸術などさまざまな視点からひもといています。

「興味はあるけど、全然知識がない」という人はもちろん、「パワーストーンを幾つも持っていて、いろいろ活用している」という人も、パワーストーンに秘められた奥深さを知って、きっと驚かれると思います。

第2章では、パワーストーンによって人生を劇的に好転させた方々の実例をご紹介しています。

にわかには信じられないような不思議な話がこれでもかと出てきますが、作り話ではなく、すべてお客さまの実話です。

そんな奇跡のような実話の次の主人公は、あなたかもしれません。

この本を手にされた方は、パワーストーンで人生が劇的に好転するドアに手をかけたのと同じです。

この本をお読みいただく読者のみなさまの幸運を心よりお祈りしています。

2018年夏

桑原みどり

目次

目次

第2章 人生を劇的に好転させたパワーストーンの実話　79

第3章
パワーストーンと上手につき合おう 143
選び方・使い方・手入れの仕方

第1章

パワーストーンは ステージアップの鍵

パワーストーンなんて、全然信じていなかった

「パワーストーンなんて、気休めのお守りみたいなものでしょ？」

「有名人がパワーストーンをよくつけているけど、意味がわからないな」

「試しにつけてみたいけど、ホントに効果が出るの？」


こんな風に、パワーストーンに多少興味があっても、どこかで疑いを持っている人が多いのではないでしょうか？


特にビジネスの最前線でバリバリ活躍している人や経営者の方々は、

「不確かな石に願掛けするより、確実にお金を儲ける仕組みを考えるべき」

「超現実的な石のパワーにすがるより、もっと着実にビジネスを推進すべき」

などと考えがちです。


その気持ちが、私にはとてもよくわかります。

なぜなら、私自身もかつてはパワーストーンの力をまったく信じていなかったからです。

パワーストーンだけでなく、占いをはじめ、スピリチュアル的なこと全般について興味も知識もなく、極めて否定的だったのです。

私は霊能者や宗教家ではありませんし、ふわっとした、目に見えないパワーを信じることは、怪しい壺を拝むような、不当な霊感商法にハマるのと同じなのではないかと思っていました。

根拠のない非現実的なパワーに依存して、イージーに安心を手に入れて精神的に楽になろうとしたり、他力本願で己の欲望を叶えようとしても、うまくいくわけがないと考えていたのです。

しかし、そうした考えは、パワーストーンが持つ想像を絶する力に気づいてから、１８０度変わりました。

それまでは何の価値も感じなかったパワーストーンが、無二の親友や愛する家族のようにかけがえのない存在になりました。

パワーストーンの力を実生活で活用している人の中には、私のように当初はまったく信じていなかった人が実は大勢います。

その中には、大きな組織のトップリーダーの方も少なくありません。

「俺は神も仏も信じないのに、そんな怪しい石なんて、絶対に信じないぞ！」

ある企業のオーナーさんは、そんな啖呵を切っていました。

しかし、ご自身の健康を損ない、事業も縮小して大ピンチのとき、愛する娘にパワーストーンをプレゼントされて以来、奇跡の大復活を果たし、今ではパワーストーンを肌身離さず持っていらっしゃいます。

運命を激変させたルチルクオーツとの出逢い

私の夫は、30代のときに事業につまずき、悩んだ末、ビジネスの成功者たちに学ぼうと、彼らの話を片っ端から聞いて回ったそうです。

そこで気づいたのは、「成功者は必ず神社を参拝し、占いや風水やパワーストーンなどについてプロレベルで精通している」という事実だったといいます。

夫もその頃、スピリチュアルなものごとにまったく関心がなく、パワーストーンについても無知でした。

そんな夫が、パワーストーンにハマった大きなきっかけは、10年ほど前に出張で訪れた上海で、尊敬する先輩に勧められてしぶしぶ買ったルチルクオーツのブレスレットでした。

といっても、もともとパワーストーンに詳しい人ならいざ知らず、まったく無関心だった人が、海外でたまたま入った素性のわからない店で、効果があるかどうかもわからない謎の石のブレスレットを高額で買うなんて、通常ならありえないと思います。

夫もまったく気乗りしなかったそうですが、そんな彼の背中を猛烈に押したのは、パワーストーン通の先輩のこんな言葉だったようです。

「こんなに凄いルチルクオーツはまずない！　これを持てば必ず成功できるし、一生ものの金運を手に入れられるから、絶対に買うべきだよ！」

1時間以上悩んだ挙句、夫はついに腹をくくったそうです。

「先輩がそこまで言うなら、もう清水の舞台から飛び降りたつもりで……」

夫は国際電話で「海外の仕事で急にお金が必要になったから、振り込んで」と連絡してきました。

私は「仕事なら」と急いでお金を振り込みましたが、夫が帰国して理由を知るや、愕然としました。当時は私もまだパワーストーンにまったく無関心だったので、思わず夫に当たってしまいました。

「なけなしの大切なお金をこんなわけのわからないものにムダ遣いするなんて！」

ところが、夫がそのブレスレットを得てから、不思議なくらいによいご縁が増え、事業運がかつてない勢いでめきめきと上がっていきました。

はじめは、まさかそれがパワーストーンのおかげだとは思いもしませんでした。

ただ、今までと何か特別に違うことをしているわけでもないのに、よいご縁や仕事があれよあれよという間にどんどん増えていくので、「いったいなぜだろう？」と、夫と理由をあれこれ考えるようになりました。

あれでもない、これでもない、と消去法で考えていった結果、はっと気づきました。

「そうか！　あのとき、上海で先輩からさんざん言われたパワーストーンの凄い力って、こういうことだったのか！」

それ以来、パワーストーンに対する認識がガラリと変わりました。

当時はストーンの価値がよくわかりませんでしたが、夫のルチルクオーツのブレスレットは、水晶の中にあるいくつもの金糸がすべて同じ方向を向いている非常にレアなものです。これを身につけているだけで、吸い寄せられるように人が集まってくることもあり、ストーンのパワーがわかる人にはわかるのだなあとしみじみ思います。

今までいろいろな人から「そのストーンをぜひ譲ってほしい！」と言われましたが、夫はそれをいつも手首につけて命と同じくらい大切にしています。

ルチルクオーツのブレス

「百聞は一見にしかず」といいますが、パワーストーンによって人生が大きく好転するのを目の当たりにすると、それまでの疑念が一気に吹っ飛びます。

最初は、パワーストーンを身につけることで、願いがすんなり叶ったり、ものごとがあれこれ好転していく理由がさっぱりわからず、きょとんと狐につままれたような気持ちになるかもしれません。私も夫も最初はそうでした。

けれど、それらは決して根拠のない超常現象や非科学的なオカルトではなく、実は生命科学や量子物理学などの最新科学と分かち難く結びついているのです。

本書では、そうした科学的な目線をベースにパワーストーンの魅力を紹介しています。と
り上げる実例も、これまで私が実際にパワーストーンを手掛けた約2万人のユーザーのインタビューや統計データに基づいています。

そうしたデータを分析すると、「アメジストはヒーリングにいい」とか、「ルチルクオーツは金運アップにいい」といった、従来的な切り口とは異なるストーンの奥深いパワーに気づかされます。

ただ、他者の実例をそのまま自分に当てはめて、真似して同じストーンを身につけてみても、万人に同じことが起きるわけでは決してありません。

「成功するためには、このストーンをつけるといいのか」

「恋愛成就のためには、このストーンが効くのね」

そんなふうに、パワーストーンを薬やサプリメントのように処方してみても、つける人が違えば、現れる効果も千差万別です。

多種多様な人間の、多様な生き方や願いに反応して、パワーストーンがさまざまな化学反応を見せてくれるのです。

石は地球の記憶媒体——石がなければ、文明もなかった

パワーストーンの力に気づくと、「なぜ、たかが石にこんなに凄いパワーがあるんだろう？」と興味がどんどん湧いてきました。

いろいろ文献を調べていくうちに、パワーストーンの奥深い歴史に目を見張りました。といっても、パワーストーンが注目されて、ブレスレットなどをつける人が日本で増えたのは、ここ20年ほどのことです。

「なあんだ、パワーストーンは歴史も文化もない、ただの一過性のブームなのか」とがっかりされるかもしれませんが、とんでもありません。

パワーストーンという言葉すらなかった有史以前から、人類の歴史や文明は「石」と共にあったのです。

一過性のブームどころか、数十億年にわたる地球の歴史と石は分かちがたく結びついているのです。

今から約１３７億年前にビッグバンの大爆発が起こって宇宙が誕生したといわれています。

その時の大爆発で燃えた星の残骸から、約46億年前に太陽を中心とする太陽系が生まれました。地球が生まれたのもその頃です。

もちろん、当時の地球上には、ユーラシア大陸も、アメリカ大陸も、アフリカ大陸も、オセアニア大陸も何もないカオスのような状態でした。

やがて、地球のあちこちで火山が噴火し、降り注ぐ雨が地表を冷やしていく中で、しだいに海洋や島ができ、それらの島がプレートに乗って移動して行く過程で、何十億年もかけて今のような大陸が次第に形成されていきました。

そうしためくるめく壮大な天地創造の歴史の中で、パワーストーンの種ともいえるさまざまな鉱物が生成されていったのです。

鉱物によってその生成過程は異なりますが、たとえば鍾乳石は1年かけて、ようやく1ミリほど伸びるといわれています。

地球上のさまざまな鉱物も、気の遠くなるような年月をかけてゆっくりと生成し、進化し続けてきました。

その過程で、地球を取り巻く太陽系も変化し続けているため、地球にたくさんの隕石が降り注いでいます。

後で詳しくお話ししますが、それらの隕石も、地球上で生成された鉱物とは全く異なる性質を持ったパワーストーンとして現代に受け継がれています。

そうした中で、約38億年前にようやく地球上に生命が誕生しますが、人類の原始的な祖先が登場したのは、さらにもっとずっと後のことです。

約200万年前に、ホモ・ハビリスをはじめとするヒト科の人類が現れ、「旧石器時代」が始まります。

まさに「旧石器」という名の通り、私たちの祖先は地上にある「石」を使って、さまざまな道具を作り始めました。

食料を得るために獣を狩る石の矢じりをこしらえ、火を起こして暖をとったり、調理をするために火打石を使い、雨風や獣から身を守るために石を掘り出して洞窟の住居を作りました。

石器時代に刃物や矢じりとして使われていた「黒曜石」は、頑丈な火山岩の一種ですが、日本をはじめ、世界各国の遺跡からも黒曜石の石器が多数発掘されています。

黒曜石は別名「オブシディアン」といい、現代でも魔除けのパワーストーンとして身につけている人が多くいます。

「新石器時代」になると、人類は農耕や牧畜を始めますが、小麦や大麦を挽いてパンを作る際にも、石の臼やすり鉢などの道具が必須でした。

やがて、人類は文字を発明し、「先史時代」から「有史時代」に突入しますが、そこにも石の存在が不可欠でした。

「目には目を、歯には歯を」で有名な世界最古の法律「ハンムラビ法典」も、古代エジプト時代に刻まれた碑文「ロゼッタ・ストーン」も、石に刻まれています。

また、エジプトのピラミッドやルクソール神殿のように、古代文明における神殿や巨大墳墓も石によってつくられています。

オブシディアン（黒曜石）

――このように、地球上で人類という種が繁栄し、文明を発展させてく壮大な歴史の中で、石は常になくてはならない存在でした。

パワーストーンという呼称が生まれるはるか昔から、石は文明そのものの礎石となるパワフルな可能性を宿した存在だったのです。

地球の壮大なメモリーが凝縮された石は、〝地球の記憶媒体〟ともいえます。

そうした石から選りすぐられたパワーストーンには、当然ながら地球のエネルギーが宿っているのです。

世界遺産と石の深い関係

世界各国に1000カ所以上あるユネスコの「世界遺産」の多くも、パワーストーンと深いかかわりがあります。

世界遺産に選定されているのは、地球の生成や、人類の歴史によって生み出され、過去から現在へと引き継がれてきた大自然の景観や文明の遺跡、歴史的な建造物などがある場所です。

地球や人類の歴史に不可欠な石が、世界遺産と深いご縁があるのは当然のことなのです。

たとえば、イギリス北部にある世界遺産「ストーンヘンジ」は、石がサークル状に配された紀元前3000年~2000年ごろの古代遺跡です。

馬蹄形に並んだ巨大な門の組石を中心に、約30の立石が直径約100mの円形に配されており、毎年夏至になると、中心にある祭壇石と、高さ約6mの玄武岩を結ぶ一直線上に太陽が昇るといわれています。

ストーンヘンジが神聖な祭祀場だったという説や、古代の天文台だったという説など諸説あり、今なおミステリアスな存在として知られています。

エジプトの世界遺産を象徴する巨大なピラミッドも、ナイル川上流で産出する石でできていますし、メキシコの世界遺産「チチェン・イッツァ」を象徴する階段状のピラミッドも、マヤ文明の最高神を祭った石づくりの神殿です。

トルコのアナトリア高原にある世界遺産の「カッパドキア」も、凝灰岩や玄武岩の奇岩を掘ってつくられた紀元前４０００年前からある古代住居です。

中国の世界遺産「万里の長城」は、紀元前7世紀より２０００年以上かけて造成された世界最大の城壁です。堅牢なレンガの土台には、石がびっしりと敷き詰められているといいます。

イタリアには50カ所近い世界遺産が集中しており、世界で最も世界遺産が多い国です。その多くは石の遺跡や石づくりの都市空間です。古代ローマ時代の神殿や、ルネサンス時代やバロック時代の建築や彫刻の多くも大理石でつくられています。

コロッセオは、ローマンコンクリートと呼ばれる建材でつくられていますが、これも材料に砕いた石灰岩が使われています。

ちなみに、古代エジプト時代の神殿に立てられていた花崗岩《かこうがん》の「オベリスク」の多くは、ローマ帝国が戦利品として持ち出したことから、欧米に流出しました。

現存する古代のオベリスク約30本の半数近くは、ローマの世界遺産地区の広場の中央に立てられていますが、いずれも人々が引き寄せられるように集まる憩いスポットになっています。

ほかにも、パリの中心にあるコンコルド広場や、ニューヨークの中心マンハッタンにあるセントラル・パークにも、エジプトのオベリスクが立っていますが、やはり多くの人が自然に集まる場所になっています。

――こうした世界遺産の数々は、観光スポットとしても有名ですが、世界中の人を引きつけてやまない場所には、石そのものが持つ強力な吸引力が宿っているのではないでしょうか。

観光地に行くと、どうしても建物や街のデザインなどに目が行きがちですが、〝ストーン目線〟であらためて世界遺産を見てみると、石の持つ強力なパワーを実感できると思います。

パワーストーンは「持ち歩くパワースポット」

世界遺産の中には、いわゆる「パワースポット」と呼ばれる場所が多数あります。その中には、古来より先住民族の聖地だった場所も少なくありません。

その土地の自然と長く共生してきた先住民族は、そのピュアで野性的な感性によって、その土地に宿る神聖なエネルギーを鋭く察知していたのだと思います。

そうしたパワースポットにも、やはり石が深くかかわっています。

たとえば、オーストラリアにある世界遺産の「ウルル（エアーズ・ロック）」は、鉄分を含む赤い砂岩でできた、標高８６８m、全周約９・４kmの世界で２番目に大きな一枚岩です。西オーストラリアにある世界一大きな一枚岩「マウント・オーガスタス」と地中でつながっているそうです。

ウルルは、日本では、『世界の中心で愛を叫ぶ』の小説や映画にも登場して話題になりましたね。〝地球のへそ〟ともいわれるウルルは、１万年以上前から先住民族アボリジニの聖地として大切に守られてきたそうです。

世界屈指のパワースポットとして近年注目されているアメリカのアリゾナ州にある「セドナ」も、赤い砂岩の岩山に囲まれており、古来より先住インディアンの聖地でした。ボルテックスと呼ばれる4つの岩場からは、強いエネルギーが発生しているといわれています。

同じアリゾナ州のパワースポット「グランド・キャニオン」も、先住インディアンの聖地です。ここも地球の地殻変動の歴史を目の当たりにするようなダイナミックな岩場に囲まれています。

沖縄にも石のエネルギーに満ちたパワースポットがたくさんあります。

2011年の東日本大震災の後、私が沖縄に移り住むことになったのも、沖縄という土地に潜むパワーに魅かれたことが大きな要因のひとつです。

沖縄本島の北部の「やんばる」と呼ばれるエリアには、ヤンバルクイナなどの貴重な動物も棲んでおり、大自然の驚異を感じる山や森が数多くあります。

中でも「大石林山《だいせきりんざん》」は、古来より聖なる地と呼ばれており、山全体が「カルサイト」という非常にエネルギーの高いパワーストーンでできている強力なパワースポットです。

あちこちにダイナミックな形の巨岩がそそり立っており、朝日のエネルギーが集まる「石林の壁」は、天と地の神々が集う聖地といわれています。

そのため、宗派を問わず世界中の聖職者たちがこの地を訪れています。

やはり高いエネルギーを発しているパワースポットには、それに呼応する人々を引きつけてやまない強大な吸引力があるのでしょう。

「ゼロ磁場」で知られる長野県伊那市の山中にある「分杭峠《ぶんぐいとうげ》」も、近年注目を浴びているパワースポットです。

九州から東海、関東にかけて約１０００km にわたって延びる日本最大の巨大断層地帯を「中央構造線」といいますが、分杭峠はまさのその真上にあります。

分杭峠はいわゆる聖地ではありませんが、中央構造線の真上には、諏訪大社や伊勢神宮など、日本の名立たる神社が集中しているそうです。

分杭峠がゼロ磁場といわれるのは、地質の異なるＮ極とＳ極の地層がちょうどぶつかり合うポイントにあるため、磁力の高低の変動が大きく、ゼロに近い磁気を保持しているからです。そこから健康によい気が発生しているという説もあります。

こうしたパワースポットに実際に行かれた人は、明確にはわからなくても、何かしら普段とは異なるエネルギーを感じた経験があるのではないでしょうか。

パワースポットというと、スピリチュアル好きな女性が多いと思われるかもしれませんが、実際は必ずしもそうとは限りません。

直観力を磨いて、より高い次元のビジネスを標榜している経営者やビジネスパーソンには、パワースポット通の人が少なからずいます。

優れた経営者ほど、世の中の常識や偏見にとらわれない柔軟な感性を大切にしているので、パワースポットやパワーストーンというだけで偏見を持って排除せず、自ら体験してみて判断されるからだと思います。

ビジネスは机上の論理と数字だけで動かせるものではなく、常にアンテナを張って、時代や社会の動きを全身全霊で察知していく必要があります。パワーストーンの力を知っている人は、パワーストーンを持つことで、雑念を払い、感性を研ぎ澄ます術を身につけています。

ネイティブ・インディアンやアボリジニのような先住民族は、パワースポットに宿る自然のエネルギーを敏感に察知する野生の能力が高いといいましたが、パワーストーンを持つことで、そうした能力を引き出すことができます。

パワーストーンを身につけるということは、パワースポットのような高いエネルギーを宿した地球の一部を身につけることでもあります。

つまり、パワーストーンは「持ち歩くパワースポット」なので、それを身につけることは、いつもパワースポットにいるのと同じことなのです。

実際に、強力なパワーストーンを持っていると、まるでパワースポットに人が集まるように人々が目に見えて引き寄せられて集まってくることがあります。

たとえば、夫が天珠（詳しくは64ページをご参照ください）のネックレスをつけていると、アジアの街でオレンジの僧衣をまとった僧侶たちが天珠をまぶしそうに見つめながら近付いてこられたことがありました。

また、ジャカルタ空港で手荷物検査のとき、スタッフが20人ほど目を輝かせて寄ってきて、「うわあ！　これはすごいストーンですね！」と、仕事そっちのけで見入っていました。

バリの高級ホテルのロビーにいたときも、そこに滞在していた紳士が「そのストーンはどこで入手されたのですか？　そんな素晴らしいストーンを初めて見ました」と話しかけてこられたことがありました。

パワーストーンを身につけていると、こうしたできごとがしばしば起こります。

そのたびに、パワーストーンの力がわかる人は、すぐに気づくのだなぁと感心すると同時に、パワースポットと呼ばれる地に世界中の人が引き寄せられるように、パワーストーンにも人を強力に引き寄せる力があることをしみじみ実感させられます。

パワーストーンを持つのは「神社に行く」のと同じこと

神社にもパワースポットといわれるところが数多くあります。

有名なパワースポットの神社でなくても、長く慣れ親しんできた神社や、自分にとって心が休まる心地よい神社は、自分にとってのパワースポットだといえます。

「神社に行くと、疲れた心身が浄化されるような感じがする」
「神社に行くと、ネガティブな感情ややもやもやした雑念が消えてスッキリする」
「神社に行くと、気力が充実して元気になる」

神社でそんな感覚になったことのある人は、パワーストーンのエネルギーにも気づきやすいといえます。

神社には、「要石」「力石」「陰陽石」「男石」「女石」などといった霊力のある石が祀られているところも多く、古来より神社と石はご縁が深いのです。

パワーストーンは「持ち歩くパワースポット」といいましたが、パワーストーンを持つことは、神社に行くことにも似ています。

なぜなら、パワーストーンを持つと、神社で心身が浄化されたり、ネガティブな感情や雑念から解放されてスッキリしたり、気力が充実したりするのと同じ効果を実感できるからです。

また、自分が「ここ！」と信じる神社でお守りを買って身につけていると、何か悩ましいことがあっても、そのお守りを見るたびに「ああ、こんなことでクヨクヨ悩んでいてもしかたがない。初心に帰ろう。自分が心から願う道に邁進しよう」と、もやもやした気持ちをリセットする「アンカー」になります。

パワーストーンも、これに似ています。単なるジンクスではなく、それが脳のアンカリングとなり、実際に心身に作用します。

「信じる者は救われる」というのは、ただの迷信ではなく、心理学的にも実効性が高いのです。

２０１８年の平昌オリンピックで、フィギュアスケート男子金メダルを2連覇した羽生結弦選手は、いつも大きな黒いパワーストーンのネックレスをつけて演技しています。おそらくそのストーンは、羽生選手にとって身を護るお守りであり、勝利に結びつくアンカーなのだと思います。

一流のアスリートは、極限まで自分を研ぎ澄まし、本番で最高の能力を発揮するために、こうしたアンカリングを上手に取り入れています。


「神社にパワーストーンをつけていってもいいですか?」

と聞かれることがありますが、パワースポットといわれる神社に、パワーストーンをつけていくと、不思議な現象が起こります。


夫が上海で手に入れたルチルクオーツのブレスレットが、パワーストーンに目覚めるひとつのきっかけになったとお話ししましたが、このブレスレットを夫がつけて神社に行くと、ストーンが金色の澄んだ光を放って信じられないほどきらきら輝きます。

普通に眺めていても十分に美しいブレスレットなのですが、神社ではこの世のものとは思えないような輝き方をするのです。

「うわあっ、きれい!」

「そのすごく光っているものは何ですか?」

参拝にきていた人たちが、境内のあちこちからストーンの輝きに引き寄せられてくることがあります。

私も初めてその光景を目にしたときは驚きましたが、神社だけでなく、パワースポットでもやはりそうした現象が起きます。

これは、神社やパワースポットの高いエネルギーに、パワーストーンが共鳴したり、引き上げられているからです。

人は心休まる人と一緒にいたり、気持ちが高揚する場にいると、瞳がきらきら輝き、肌の血色もよくなり、いきいきと元気になりますよね。

パワーストーンもそれと同じなのです。

「本当にそんなことがあるの？」

と信じられない方は、ぜひパワーストーンをつけて神社に行ってみてください。

私のいっている意味がよく実感できると思います。

古代セレブもパワーストーンを愛用

世界各国の遺跡の中から発掘されている古代の王族や貴人の装身具にも、さまざまな石がたくさん使われています。

四大文明のひとつ、メソポタミア文明の時代の遺跡からは、先述のラピスラズリをはじめ、カーネリアンなどの装飾品が多数出土しています。

また、古代エジプトでは、ピラミッドから発掘された王族のミイラの装飾品などに、トルコ石やエメラルドなどの宝石があしらわれていました。

また、ラピスラズリやヘマタイト、アズライトなどの石は、病を癒すために用いられていたこともあったようです。

古代ローマの遺跡や、古代都市ポンペイの遺跡からも、さまざまな石を使った豪華なネックレスや指輪などが多数発掘されています。

北京の「故宮博物館」に飾られている皇帝や皇太后の装身具や器にも、ヒスイなどの石がふんだんに使われています。

日本でも縄文時代や弥生時代の遺跡からメノウや水晶、ヒスイなどの勾玉《まがたま》が出土しており、「東京国立博物館」などに多数収蔵されています。

日本神話が記された『古事記』や『日本書紀』にも石の勾玉のことが記されており、皇室に代々伝わる「三種の神器」のひとつも、八尺瓊勾玉《やさかにのまがたま》と呼ばれる大きな石の勾玉です。

各地の古墳からもヒスイの勾玉が多数発掘されており、『魏志倭人伝』にも、邪馬台国からヒスイの勾玉が贈られたことが記されています。

沖縄でも、祭事を司る「ノロ」と呼ばれる女性の祭具として勾玉が使われており、今もその名残が伝わっています。

パワーストーンという言葉がなかった時代から、古今東西の為政者《いせいしゃ》や貴人たちは、石そのものが秘めているパワーに気づいていたのだと思います。

古代の人たちは、現代人と違って自然の驚異がもっと身近にあり、自然と密接に寄り添った生活をしていたため、森羅万象に対しての感性が鋭敏だったのでしょう。

現代においても、感性が鋭く研ぎ澄まされた人は、パワーストーンが持っている奥深い力を活用しています。

壁画や名画の顔料も実はパワーストーン

石は生活の道具や装身具としてだけでなく、芸術の世界でも不可欠な存在でした。洞窟に描かれた牛や馬などの壁画で知られるスペイン北部の「アルタミラ洞窟」や、フランス西部の「ラスコー洞窟」は、ともに旧石器時代の遺跡ですが、古代人が画を描く際、石の壁をキャンバスにし、砕いた石を顔料に使っていました。

「ラピスラズリ」は魔除けのパワーストーンとして有名ですが、ラピスラズリの産地に近いシルクロードの古代都市バーミヤンの仏教遺跡でも、ラピスラズリが顔料に使われています。

古代エジプト時代のツタンカーメンの黄金のマスクにも、ラピスラズリがあしらわれていますし、クレオパトラもラピスラズリの粉を青いアイシャドーとして使っていたといわれています。

ラピスラズリは金銀よりも高価な顔料といわれ、中世ヨーロッパの宗教画でも非常に珍重されていました。

17世紀のオランダの画家フェルメールの傑作『真珠の耳飾りの少女』に描かれた美少女の澄んだ青いターバンにも、ラピスラズリの顔料が使われています。

日本では、古くからラピスラズリは「瑠璃《るり》」と呼ばれており、正倉院の宝物にも瑠璃がはめこまれた装身具があります。

日本画の「岩絵具《いわえのぐ》」にも、石を砕いて作った顔料が多くあります。

たとえば、江戸時代の天才画家・尾形光琳が描いた有名な国宝『燕子花図《かきつばたず》』もそのひとつです。

燕子花の花弁には「藍銅鉱（アズライト、ブルー・マラカイト）」を砕いた群青の顔料が使われ、葉の部分には「孔雀石（マラカイト）」を砕いた緑青の顔料が使われています。

あらためてそうした芸術作品を眺めてみると、吸い込まれるような色彩の奥に、石のパワーが秘められていることに気づくでしょう。

人も石も波動でできているって本当？

「彼女とはとても波長が合うので、付き合いたい」
「部長とはどうも波長が合わず、仕事がやりにくい」

こんなふうに、人間同士の相性のよしあしを語るとき、よく「波長」という言葉が使われますが、「波長」とは何でしょうか？

波長とは、読んで字のごとく、「波の長さ」を意味します。波の長さが似ていれば、互いに呼応して、引き合いますが、波の長さが互いに違うと、うまくかみあいません。

パワーストーンにも波長の合う石と、波長の合わない石があります。

ある人にとって波長の合う石でも、別の人には波長が合わないことがあります。

人と人との関係性がそれぞれ違うように、人とパワーストーンとの関係性も、互いの発する波長によって異なってくるのです。

では、人や石から出ている「波」とは、いったい何でしょう？

近年の量子力学の理論では、人も石もすべての物質はミクロの世界まで解析すると、「波動」にたどり着くといわれています。

原子を分解し、その中の原子核を分解し、さらにその中の陽子と中性子を分解していくと、それ以上分解できない最小単位の「素粒子（クオーク）」になります。

従来の量子物理学では、素粒子は「点」であると考えられていましたが、これを「ひも」と考える仮説を「超ひも理論」といい、宇宙誕生のメカニズムを解明する糸口として先端物理学の世界で注目されています。

この理論によると、万物の根源である素粒子は、極小のひもが振動することによって作られています。

簡単にいうと、すべての物質は振動しているということです。

たたいてもびくともしないような硬いストーンも、実は振動しているのです。

携帯のバイブレーションのように、「ブルブルッ」と振動しているのを実感できなくても、素粒子レベルでは振動しているのです。

目に見えなくても、振動しているということは、その周囲に「波動」のエネルギーが発生しています。ストーンの種類によって振動数（周波数）が違うので、波動のエネルギーも異なってきます。

たとえば、１秒間に１兆回も振動している石があります。

「テラヘルツ鉱石」というシルバーに輝くパワーストーンです。

「テラ」とは、パソコンのハードディスクの容量を示す単位としても使われていますが、10の12乗（約1兆）を示す単位です。

「ヘルツ」は中学校の理科の授業でも習いますが、電流や電波の１秒間あたりの振動数（周波数）を示す単位です。

テラヘルツ鉱石から発生するテラヘルツ波は、赤外線に似た電磁波の一種で、近年、医療の世界でも注目されています。

現代の医療では治療不可能と診断された前立腺導管がんを患い、余命宣告を受けていた発明家のドクター・中松氏は、２０１６年の記者発表で、テラヘルツを用いたロボット機器を自ら発明し、それによってがんを克服したと語っています。

テラヘルツががんなどの病に効くか否かはさておき、ストーンから発せられる波動のエネルギーが人に影響を及ぼす事例は少なくありません。

人間もストーンも波動を発生しているのであれば、互いに影響を与え合っても不思議ではありません。

自分によい影響を及ぼす波動を出している人やものと接することで、その人自身の波動もそれにチューニングされてどんどんよくなっていきます。

自分の波動がよい方向に整うと、思考も行動も前向きになり、周囲にもよい波動を発することができます。

「波動、波動と言われても、目に見えないし……」

と思われるかもしれませんが、波動そのものは目に見えなくても、人は無意識に波動を感じています。

マイナスの感情をため込んでいるようなネガティブな人より、前向きな思考の人のほうが好感度が高いのは、波動の違いを感じているからです。

よい波動を発している人は、その波動と引き合う人との出会いがどんどん増え、おのずと人脈が広がっていきます。

それによって、自分ひとりではなしえなかったようなチャンスが次々に訪れるようになります。


「パワーストーンをつけたら、出会いが増えた」

「パワーストーンをつけたら、仕事でうまくいった」

「パワーストーンをつけたら、人生が好転した」

そんな話をお客さまから毎日のように伺いますが、決して思い込みや作り話ではありません。

よい波動を持ったストーンの影響で、ストーンの持ち主の波動が変わり、それによってその人の思考や行動が変わった結果、人生が自然に好転していったのです。

「仕事の波」「人生の波」「時代の波」など、大きな流れを「波」にたとえたり、ターニングポイントを迎えたときに「波が変わった」と表現することがありますが、自分に合う波動のパワーストーンを持つことで、自分の目指す方向に波を変えることが可能なのです。

ストーンの色と光と波動の関係

澄んだ青空のようなトルコ石。

血のしたたるような赤いルビー。

漆黒の宇宙のようなオブシディアン。

——パワーストーンの色は、非常に多彩です。同じストーンでも、天然の石は色味が微妙に異なります。

そうした色の違いを識別できるのは、「光」があるからです。

ものに反射した「光」が、人間の目に「色」として見えているのです。

光は電磁波という真空でも伝わる波動の一種です。太陽から発せられた光の電磁波は、1秒間に地球を7周半回るスピードで地球に届きます。

「万有引力の法則」で知られる物理学者のアイザック・ニュートンは、プリズム実験によって太陽光は「赤・だいだい、黄・緑・青・藍色・紫」の7色あり、赤は波長が長く、青は波長が短いというふうに、波長によって色が異なることを発見しました。

たとえば、空が青く見えるのは、波長の短い青系の光のほうが、波長の長い赤系の光よりも空気中の微粒子にぶつかって散乱しやすいからです。

また、海が青く見えるのは、海水が絵の具のように青いわけではなく、空の青い光が海に反射しているからです。

パワーストーンも色の違いによって波動が異なります。

そのため、その人に合うストーンとそうでないストーンがあります。

自分の好きな色のパワーストーンが必ずしも自分に合うとは限りません。

ストーンを選ぶときは、こうした色と波動の関係性を熟知した人にご相談するのがおすすめです。

「水晶」も「アメジスト」も「シトリン」も実は同じ仲間

パワーストーンは色も多彩ですが、呼び名も多彩です。同じ石でもショップによって独自のオリジナル名をつけていることもあります。

たとえば、「水晶」と「アメジスト」と「シトリン」は、まったく別のストーンだと思っている人が大勢いますが、実は、すべて「クオーツ（石英）」の仲間です。

水晶は、クオーツの中でも特に無色透明なものです。

アメジストは、別名「紫水晶」とも呼ばれる紫色の水晶で、水晶が長い年月の間に紫に変色したものです。

シトリンは、別名「黄水晶」と呼ばれる黄色や金色がかった水晶で、アメジストが黄色く変色したものです。

色が異なることで、見た目もまったく違う石のように見えますが、どれも二酸化ケイ素が主成分の鉱物なのです。

「メノウ（瑪瑙）」は別名「アゲート」ともいいますが、これも主成分はクオーツと同じ二酸化ケイ素です。

メノウは大地のおおらかなエネルギーを備え、持ち主の心身を健やかに導き、心の豊かさを育むストーンです。

メノウの中でも縞模様が平行なものや黒いものは「オニキス」と呼ばれるなど、メノウにもさまざまな種類があります。

チベットで産出する「天岩石」もメノウの一種です。天岩石は最強のパワーストーンといわれる「天珠」（64ページ参照）のベースにもなっているトーンです。

水晶

アメジスト

ShinshikiHappySpot

シトリン

高貴なグリーンの「エメラルド」。

澄んだブルーの「アクアマリン」。

淡いピンク色の「モルガナイト」。

黄味を帯びたグリーンの「ヘリオドール」。

——これらの色とりどりのストーンも、すべて「ベリル（緑柱石）」という鉱物の仲間です。ベリルのブレスレットを持つと、自分の魅力をアップし、周りにも好影響を与えることができます。うつの人には、カラフルなベリルをミックスしたブレスレットをよくおすすめしています。

モルガナイト

エメラルド

ヘリオドール

アクアマリン

ブルー系の「サファイア」と、レッド系の「ルビー」も、まったく別の石のように見えますが、実はどちらも「コランダム」という石の変種です。

サファイアもルビーも、ダイヤモンドやエメラルドと共に「世界４大宝石」と呼ばれています。

ダイヤモンドに非常によく似ている「ジルコニア」は、高価なダイヤモンドの代用として宝飾品に使われることがあることから、「模造ダイヤ」「ニセダイヤ」などと呼ばれています。しかし、ジルコニアはダイヤモンドの単なる代用石ではありません。

ダイヤモンドに匹敵する美しい輝きとエネルギーを持ったジルコニアは、悲しみを癒す作用がある優れたパワーストーンです。

ダイヤモンド

ジルコニア

誰もが知っているような石でも、意外と知られていないことや、誤解されていることが多々あります。

私もパワーストーンに関心がなかったころは石のことをよく知りませんでしたが、パワーストーンの力に気づいてからは、なぜ石を持っているだけでこんなにすごいことがいろいろ起こるのだろうと不思議に思って、探究し続けてきました。

パワーストーンのことを知れば知るほど、発見することが多く、その奥深さに驚かされます。

隕石のパワーストーンに触れるとフワフワする?!

パワーストーンは〝地球の記憶媒体〟のようなものだとお話ししましたが、その中には、地球で生成されたものではなく、宇宙から降ってきた隕石もあります。

約46億年という地球の長い年月の中で、宇宙からさまざまな隕石が地球に降り注いでいることがわかっています。

「もともと地球にある石と、宇宙から降ってきた隕石はどうやって見分けるの？」と不思議に思われるかもしれませんが、隕石が地球に落下すると、大気との摩擦熱で表面が溶けてフュージョンクラストと呼ばれる痕跡が必ず残るので、それによって隕石かどうかが判別できるのです。

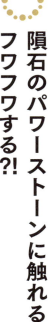

たとえば、サハラ砂漠で産出される隕石「リビアングラス」はサハラ砂漠の砂を思わせる黄色っぽい天然石です。

ツタンカーメンのお墓からも、リビアングラスのスカラベが発掘されており、クレオパトラをはじめとする古代エジプトの貴人たちも、リビアングラスの器や装飾品を使っていたといわれています。自然のエネルギーに敏感な古代人は、隕石が持つ強力なパワーにも気づいていたのでしょう。

「モルダバイト」という隕石は、約1450万年前に地球に落下し、東欧チェコスロヴァキアのモルダウ川流域で発見された隕石で、独特の模様がとても神秘的です。

どちらもパワーアップを目指す方におすすめです。

約4億5千年前に地球に落ちてきた隕石「ギベオン」は、一本で持つだけでなくて、ルチルのブレスなどに一緒に入れるとキラッと輝きます。

私は水晶でコーティングしたギベオンをネックレスにしてつけています。隕石は実際の質量よりも重く感じることが多いので、ブレスレットではなくネックレスにしているのです。このストーンを持つと、「フワフワして、酔ったみたいな感覚になる」という人がいます。私もそうでした。

でも私の夫は、ギベオンを持っても、特にフワフワしたりはしないといいます。

これは体質の違いによるものです。私は満月のときに冴えて、新月のときに気だるくなるグラウディングタイプですが、夫は逆で、満月のときに気だるくなり、新月のときに冴えるセンタリングタイプです。

隕石のパワーストーンに興味がある人は、実際に手にしてみて、自分自身の感覚で確かめてみてください。

ギベオン

リビアングラス

モルダバイト

モテ度をアゲるストーンとは？

「金運をアップしたい」「仕事で大成功したい」「恋愛を成就させたい」「結婚したい」「病を治したい」……

パワーストーンにかける願望は人それぞれ異なりますが、私のデータでは老若男女問わず人気が高いのは「モテたい」という願望を叶えるストーンです。

といっても、単に「異性からモテたい」というだけでなく、「職場でみんなに好かれたい」とか、「仕事上で人気者になってオファーを増やしたい」など、さまざまなモテ願望があります。

モテ度が上がるということは、周囲の好感度がアップして人気者になるということです。それによって、職場や家庭をはじめ、さまざまな人間関係の中で尊重されるようになり、意見が通りやすくなったり、活躍のチャンスが増えたりして、人生が豊かになります。そういう意味では、多くの人がモテ願望を持っているのは当然のことなのかもしれません。

２万人の統計データをもとに割り出すと、出会いを増やして恋愛を楽しみたいと願っているなら、深い赤色の「ガーネット」がおすすめです。

「全然出会いがない……」と嘆いていた方が、ガーネットのブレスレットを持って1週間もしないうちに恋に落ちて付き合い始めたという事例もあります。

もし結婚を強く望んでいるなら、澄んだブルーの「アクアマリン」が効果的です。アクアマリンのブレスレットをつけてから、とんとん拍子で結婚が決まったというお客さまが少なくありません。

匂い立つようなカリスマ的な魅力で人の心をぐっとつかみたいなら、「ルビー」がおすすめです。ただ、ルビーはパワフルな〝エロエロストーン〟でもあります。身につけているとフェロモンが引き出されてとても艶っぽくなり、目つきまで変わってきます。

「華がないといわれる」「夫婦関係が冷えきっている」といった方々が、ルビーをつけることで官能的な魅力がアップして、パートナーとの仲がよくなったり、妊活に役立ったという事例もあります。ただし、「大勢の異性からとにかくモテモテになってみたい！」といった欲望を持っていると、自分の好みのタイプだけでなく、苦手なタイプの人たちも寄ってくるので、かえって面倒になることもあります。

どんな願望であれ、パワーストーンにただ漠然と願掛けをするのではなく、願いが叶った先に「自分はこうなりたい」というヴィジョンを明確に持っていると、パワーストーンのエネルギーもそれに呼応します。

ルビー

ガーネット

アクアマリン

ステージを上げるときに持ちたい最強ストーンとは？

「もっと上を目指したい！」

「さらなる高みにステージを上げたい！」

成功者ほど、高い志を持っています。

十分すぎるほど成功していても、現状に甘んじず、理想に向かって常に切磋琢磨していこうという気概のある人には、「サファイア」がおすすめです。

ダイヤモンドに次いで硬度が高いサファイアは、職場や家庭のブレない基盤をつくり、ステージを上げるときにサポートしてくれます。

カリスマ性を高める「皇帝の石」でもあるサファイアを身につけているだけで、きっと一目置かれるはずです。

経営者の方は、サファイアのブレスレットをつけている人が多くいます。

サファイアのブレスレット

隕石のパワーストーンを持つと、人によってフワフワした感覚になることがあるといいましたが、パワーストーンの波動を実感してみたいという人には、「ヒマラヤ高波動水晶」がおすすめです。

このストーンは、触れるとビリビリ感じるという人がたくさんいます。

ヒマラヤ山脈は、とても強力な波動の水晶が採れることで知られています。

風水ではエネルギーの中心がヒマラヤ山脈にあるといわれていますが、古代より霊山として崇拝されてきたヒマラヤは、神々が住まう聖地とされてきました。

そんな地で、まるで石が輪廻転生するように、長い年月の間をかけて水晶が何度も繰り返し結晶して生成されたヒマラヤ高波動水晶は、よいエネルギーを一気に集める高い波動が宿っています。

目の前の壁をブレイクスルーして、次なるステージに行くのをサポートしてくれます。

ヒマラヤ高波動水晶

「パワーストーンの中でも、最強のパワーストーンが欲しい」

そんな人には、パワーストーンの中でも知る人ぞ知る「天珠」をおすすめします。

天珠は約２５００年前からチベット周辺の地域にお守りとして伝わってきた石で、「チベット天珠」「西蔵天珠」とも呼ばれます。

「世界一幸福な国」といわれるブータンの王様も、大きな天珠をつけています。

チベットの高山のふもとの地域では、婚礼の際に家宝の天珠を身につけるといわれ、天

ShinshikiHappySpot

ShinshikiHappySpot

ShinshikiHappySpot

ShinshikiHappySpot

天珠のいろいろ

珠の中には、数百年前に高僧がつけていた「老天珠」といわれるものもあります。

天珠は「天岩石」というメノウの一種です。その石に薬草からつくられた特殊な染料を浸透させ、何度も高温で焼きつけてさまざまな紋様が描かれています。

ひとつひとつ手作業で描かれているので、同じ紋様でもいろいろな表情があり、クオリティの高い天珠はまるで金太郎飴のように石の中まで紋様が入っています。

「一眼天珠」から「二十一眼天珠」を基本に、「四十八眼天珠」や「百八眼天珠」などの紋様や、天を意味する円と、地を意味する四角が描かれた「天地天珠」、観音菩薩が描かれた天珠など、100種類以上の多様な紋様の天珠があります。

それぞれの紋様に意味があり、叶えたい願望によって天珠を使い分けます。

天珠は非常に希少価値が高く、入手しにくいパワーストーンですが、持つ人の願望を実現する無限の可能性を秘めており、災厄を除け、チャンスを引き寄せて成功に導き、富や幸福をもたらしてくれるといわれています。

実際、天珠を身につけている方は、願望が叶うスピードが早く、「天珠のブレスレットをつけた翌日、いきなり願いが叶いました！」と報告してくれたお客さまもいます。

「天珠をつけていたおかげで命が助かりました」

1994年に中華航空140便の墜落事故が起こった際、九死に一生を得た乗客がインタビューでそう答えたことがあるという逸話も残っています。

なぜパワーストーンを持つと運気がアップするのか？

パワーストーンを身につけていると、ストーンが持っている高いエネルギーによって運気も自然に引き上げられます。

「でも、私は生まれつきあまり運がよくないから……」

よくそんなふうに、自分のことを決めつけている人がいますが、運は生まれつき決まっているものではなく、自分の運は自分で変えられます。

「でも、遺伝子までは変えられないから、どんなにがんばっても限度がある……」

確かに、科学の世界でも、遺伝子によっても、人生は大きく決定されるものだと思われてきました。

しかし、細胞生物学や量子物理学の最新の研究では、遺伝子やＤＮＡだけが人間の生体機能を全支配しているわけではなく、その人自身の「思考」が強力なメッセージとなって細胞をコントロールしていることが明らかになってきました。

これが世界中で注目されている生命科学の新しい概念「エピジェネティクス」です。思考によって人生をコントロールできるということは、考え方次第で人生をいくらでもよい方向にコントロールできるということです。

『思考のすごい力』（ＰＨＰ研究所刊）の著書で知られる世界的に著名なアメリカの細胞生物学者ブルース・リプトン博士は、ニセの薬を服用しても、治ると信じる肯定的な思考によって患者が快方に向かう「プラシーボ効果」や、逆に否定的な思考によって健康を損なってしまう「ノーシーボ効果」を例に挙げ、思考や信念が正確か不正確かにかかわらず、人間の行動や身体に影響を与えると指摘しています。

「信念が変われば思考も変わる。
思考が変われば言葉も変わる。
言葉が変われば行動も変わる。
行動が変われば習慣も変わる。
習慣が変われば人格も変わる。
人格が変われば運命も変わる。」

これはインド独立の父といわれるマハトマ・ガンジーの有名な言葉です。

リプトン博士はこの言葉を引いて、「幸せで健康な生活を送るためには、肯定的思考をして、わたしたちの生物的機能に指令を送ってやればよい」と語っています。

信念や思考はまさにエネルギーであり、自分の未来のシナリオを書き換える鍵なのです。

パワーストーンは、そんなあなたの信念や思考のエネルギーに呼応して、より高いステージへと引き上げてくれます。

パワーストーンが示す変化のサイン

パワーストーンを持てば、いいことしか起こらないかというと、そうではありません。ただし、一見悪いことのように見えるできごとは、実はよくないものに気づかせるためのサインだったり、よくないものを手放して運気を好転させるきっかけだったりすることが多々あります。

たとえば、仕事中に飲みかけのコーヒーカップをうっかり床に落としてしまったとします。

「うわあっ、よけいな仕事が増えて最悪！」と嘆くAさん。

「コーヒーはこぼれたけど、カップが割れなくてラッキー！　そういえば、コーヒーの飲みすぎだったから、このへんでやめておいたほうがいいってことかも。忙しくて掃除もサボっていたから、ついでにきれいにするいいきっかけになったな」と前向きに考えるBさん。

同じことが起きても、Aさんは「自分は運が悪い」と考え、Bさんは「自分は運がいい」と考えます。

運のよしあしも、その人の思考ひとつで決まるのです。

人はステージが上がるとき、それまでの流れが滞ったり、急にうまくいかなくなったりすることがあります。

次のステージに必要ないものごとは、手放さなければならない場合があるからです。

手放すのは、物品やお金かもしれませんし、仕事かもしれませんし、大事な人かもしれません。

私もステージが上がるとき、いろいろな事件が起こりました。

ものが無くなったり、契約が突然切れたり、電化製品が次々と壊れたり、人間関係が大きく入れ替わったり、仕事がなくなったり……。

もし、そのときに運が悪いと否定的にとらえ、変化を促すサインに気づけなければ、今までと同じステージに留まり続けることになります。

人間は一定の状態を保持しようとするホメオスタシス（恒常性）機能があるので、口では「変わらなきゃ」といいつつ、変化を無意識に拒んでしまう傾向があります。

しかし、マイナスのできごとも変化のサインととらえて肯定的に受け入れることができると、ライフスタイルが変わり、それまでより豊かな人生が拓けてきます。

人生を振り返ってみると、たとえマイナスのできごとがあっても、半年ぐらいするとステージが変わって、「あんなことがあったおかげで、変わることができて本当によかった」と実感できるタイミングが必ず訪れます。

よくないことが起こったときこそ、変化のサインに気づくチャンスなのです。

ステージが変わるときは、ある一部分だけが変化するわけではなく、全体的に変化します。

パワーストーンで自分の都合の良いところだけ変えたいと思っても、ステージは上がりません。

特にビジネスの世界では、どんなに順風満帆に見えても、目まぐるしい市場の変化に応じて事業の内容を適時見直して変わっていかなければ、徐々に赤字が募り、しわ寄せが深刻になっていきます。

「今うまくいっているから、この先もずっとこのままでいい」という現状維持の考え方では、ビジネスはいずれ立ち行かなくなってしまいます。

ビジネスにおいて成功し続けるためには、常に最適な状況にアップデートして変わっていくことが不可欠です。

変化を恐れていては、せっかくのチャンスをものにできません。

パワーストーンは、目先の欲望や快楽を成就させるための便利な打ち出の小づちではなく、より高いステージにあなたを引き上げてくれる心強いパートナーです。

もしよくないことが起きたら、パートナーを信じて、「これは何のサイン？」と考えてみてください。それは、パートナーであるパワーストーンからの重要なメッセージかもしれませんから。


「幸運は、準備と機会がめぐりあったときに起こる」

これは古代ローマの哲学者ルキウス・セネカの言葉です。

変化のサインに気づき、それに対する備えができる人だけが、幸運という名の素晴らしいチャンスをものにできるのです。

デキるビジネスパーソンほどストーンの力に気づいている

「職場には、パワーストーンをつけている人なんてひとりも見かけない」

と思っている方もいるようですが、実は人目に触れないところで密かにパワーストーンを愛用している人が少なくありません。

「石に頼るなんて、無能な人材だとみなされるのでは？」

「メンタルの弱い小者だと思われて、商談で足元を見られるのでは？」

特に男性の場合、パワーストーンを身につけているとバカにされるのではないかと警戒して、ブレスレットなどを大っぴらに見せないようにしている人がいます。

接客業の方も、身につけるものに制約があったりするので、やはり人目に触れないようにして持ち歩くことが多いようです。

私がパワーストーンのブレスレットをお見立てしているお客さまの筆頭は、男女問わずビジネス界で活躍している方々です。

通常、エネルギーは左手からインプットされて、右手からアウトプットされるので、パワーストーンのブレスレットは左手首につけるのがおすすめですが、スーツの内ポケットに忍ばせたり、大事な商談のときにバッグに入れていくだけで効果を感じることができます。

特に男性の場合、腕時計はその人のステージを象徴するステイタスシンボルといわれますが、パワーストーンにも相通じるものがあります。

高級時計を身につけることで、「自分も誇りを持って、ステージの高い仕事をしよう」というアンカリングになるように、ハイクラスなパワーストーンもアンカリングになります。

志高く、より高みのステージを目指す方には、おもちゃのような石ではなく、やはりそれに見合う高いエネルギーを持ったパワーストーンがお似合いです。

パワーストーンで「結界」を張る！

「好事魔多し」ということわざがありますが、ステージが上がるときや、羽振りがいいときは、いいご縁がたくさん舞い込んでくる一方、よくないご縁も引き寄せてしまうことが多々あります。

フィギュアスケートの羽生結弦選手がパワーストーンを愛用していることに触れましたが、人気者は多くの人に愛される反面、アンチに妬まれていわれのない悪意を向けられがちです。そうした悪意を防御する意味で、魔除けのパワーストーンを愛用している有名人がよくいます。

ハリウッドスターのジョニー・デップはインターネットの画像を見ても、インディアンのようにたくさんのパワーストーンのネックレスやブレスレットを身につけています。その多くは、トルコ石など魔除けのパワーストーンのようです。

マイナスのエネルギーを寄せ付けないように、空間を聖俗の領域に仕切ることを

「結界を張る」

といいます。

結界の語源は、世俗の世界と神仏の聖なる世界を分けるという意味の仏教用語で、寺院の山門や、神社の鳥居、お正月に張るしめ縄も結界のひとつです。

沖縄で生まれた「琉球結界ブレスⓇ」は、琉球で古来より大切にされてきた方位除けを取り入れて制作しており、持つだけで結界を張ることができるパワーストーンのアイテムです。

「まさかあの人が?!」と思うような成功者が、多額の借金を負ったり、よくない世界に転落していくことがよくありますが、何ごとも、攻めるばかりで、守りが甘いと、どんなにいいものを積み上げても、足をすくわれてしまいます。

願いを叶えるためには、足を引っ張るものから身を守ることが必須です。

先述の細胞生物学者リプトン博士は、「人は防御モードに入ると、エネルギーを防御に使うため、成長が抑制される」と語っています。守りは大切ですが、守りばかりに必死になっていては、成長できないということです。

しかし、琉球結界ブレスⓇを身につけて、結界を張れば、守りを結界に託して、攻めに専念できます。

特に生き馬の目を抜くビジネスの世界では、結界を張る必要があります。

みずからの恐怖で委縮したり、他者のネガティブなエネルギーの悪影響を防ぎ、ステージアップしていくためには、結界の力が不可欠なのです。

第2章

人生を劇的に好転させたパワーストーンの実話

福が福を呼ぶ――パワーストーンをめぐる〝幸福の連鎖〟

「パワーストーンで人生が好転したという人の話を聞いたので、試しにちょっと買ってみただけ」

「家族にパワーストーンのブレスレットをプレゼントされたから、アクセサリー感覚で着けてみただけ」

パワーストーンを初めて手にした人の多くは、石のパワーについて半信半疑だったり、まったく信じていない場合がほとんどです。

しかし、そんな人たちが、パワーストーンを身につけて一カ月もしないうちに、目の色を変えていそいそ再来店されたり、電話やメールで連絡をいただきます。

「このストーンはすごいですね！　もっとほかのストーンも見せてください」

「今度はビジネスでこんな願いも叶えたいから、それに合うストーンのブレスレットをぜひオーダーしたい」

「パワーストーンを付けてから人脈がめちゃめちゃ広がった話をしたら、知人もぜひほしいといっているので、今度連れて行きますね！」

こちらから再来店の案内をしているわけではないにもかかわらず、お客さまのほうから新たなストーン求めて何度もリピートされるのです。

それだけでもありがたいことですが、そうしたリピーターのお客さまが、さらに新たなお客さまを口コミでご紹介くださるのです。

もちろん、ネズミ講のような法に触れるビジネスとは真逆の、純粋な善意による口コミのお客さまばかりです。

ある経営者の方は、パワーストーンを持つことで事業が大成功して以来、毎年社員を引き連れて沖縄におみえになります。

「いま私の会社があるのも、社員とこうして沖縄に社員旅行に来られるのも、もともとはここでパワーストーンと出会ったおかげだからね」

そうおっしゃって、社員のステップアップを願って、社員ひとりひとりのためにパワーストーンのブレスレットを毎年新調されるのです。

ある営業職の方は、パワーストーンを手にしたことがきっかけで顧客がどっと増えたことから、懇意にしているクライアントさんをしばしばご紹介してくださいます。

「取引先の社長に、最近調子よさそうだねっていわれたんで、パワーストーンのことを話したんですよ。そしたら、ぜひ紹介してほしいってせがまれちゃってね」

そこでご紹介いただいた社長が、パワーストーンを手にしてから事業がうまくいったことから、さらに別のお客さまをご紹介くださるという展開が今も続いています。

パワーストーンを持つことで幸福をつかんだ方々が、愛する家族や、お世話になっている人たちにも、幸福のおすそ分けをすることで、福が福を呼ぶ状態が波動のように連鎖する——。

まさにパワーストーンが繋ぐ〝幸福の連鎖〟といえるでしょう。

私がパワーストーンの仕事を続けてこられたのも、そのおかげと感謝しています。

「パワーストーンによって、もっと多くの人たちに幸せになってもらいたい」

心からそう願って行動することで、パワーストーンの幸福の連鎖はエンドレスの打ち上げ花火のように続いていきます。

小さな石から人生が好転！パワーストーンの「バタフライ効果」とは？

いままで2万人のパワーストーンのブレスレットを作ってきた実体験から、パワーストーンのサポートを最大限に受けられるのは、こんな方々です。

自分自身の目標に対して真摯な人――パワーストーンがもたらす「変化」のチャンスを受け入れ、自らの目標に向かって真摯に変わろうとする人には、ストーンは最大限のサポートを惜しみません。

また、何ごとに対しても感謝の気持ちを忘れず、自分だけで幸せを独り占めするのではなく、周囲にも還元したいという寛大な気持ちを持っている人を、パワーストーンは力強く応援してくれます。

さらに、たとえ悪いことがあっても他人のせいにせず、「これはきっと気づきを促すサインだ。ありがたい。初心に帰って気を引きしめよう」と考えられる人は、パワーストーンから多くのひらめきや恩恵を受けるはずです。

この章では、そんなパワーストーンのサポートを受けて幸せになった人たちの実例をいくつかご紹介します。

「石を持ったとたんにトントン拍子でビジネスがうまくいった？　そんな簡単に成功するなら苦労しないさ！」

「ドラマみたいな美味しい話ばかりで、信じられない」

ここにご紹介する実例を読んで、そう思う方もいるかもしれません。

しかし、ここに書くことはすべて真実です。突出した話ではなく、しばしばある事例ばかりです。

もちろん、ドラマみたいな奇跡ばかりではなく、最初は気づかないようなわずかな変化しか見られなかったのに、そこから徐々に変化していき、最終的に望んでいた願いが成就したという事例も少なくありません。

蝶が密やかにはばたくような、ほんのかすかな動きでも、それがめぐりめぐって、遠く離れた地で激しい竜巻を起こすことがある――。

これは、気象学者のエドワード・ローレンツが1970年代にアメリカの科学振興協会で行った講演に由来する「バタフライ効果」と呼ばれる理論です。

力学的にはほんのわずかな変化でも、それによって予想もしなかったような大きな変化が巻き起こる可能性があるということです。

この理論は、パワーストーンにもいえることです。

直径数ミリの石のブレスレットを身につけるだけで、人生の歯車の動きが少しずつ変わっていき、まさかと思うようなチャンスのドアが不意に開かれる。

そのドアの向こうに思い切って飛び込むことで、人生が大きく好転していく……。

パワーストーンはそんなバタフライ効果を巻き起こす原動力になり得ます。


「最近、なんだか不思議なことがよく起こるなあ……」

「ずっと停滞していたことが、急に進展し出したな……」

多くのお客さまのお話を伺っていると、変化が起きても、最初のうちは、それがストーンの力だとはなかなか気づきません。

しかし、いままでにないできごとがあれこれ起こるうちに、はっと気づくのです。

「あっ！　もしかしたら、これはパワーストーンの効果なのでは?」

パワーストーン愛好者は、初めてストーンの力に気づいた瞬間の驚きと喜びを忘れないといいます。

ここに挙げる10の実例も、そんな驚きと喜びに満ちています。

実例1
ワンマン実業家の命を救った「ガーデンルチル」と「観音天珠」

「こんな石っころで変わるような軽い人生を送ってきたわけじゃない！」

そうタンカを切ったのは、年商数十億の会社を経営する辣腕実業家のA氏。

一代で会社を起ち上げ、リーマンショックの荒波も乗り越え、還暦を過ぎてもバリバリの現役ビジネスパーソンとして君臨してきたワンマン社長です。

「オレは元気だけが取り柄だ！」

それが彼の口癖でした。

その言葉通り、仕事もプライベートもフルパワー。そのうえ大変な酒豪で、お酒の飲み方も毎晩豪快だったようです。

そんなA氏にある日異変が起きました。食事の後に倒れて、そのまま入院してしまったのです。原因は、重い糖尿病でした。

「父の病を癒すパワーストーンを作っていただけませんか？　父にプレゼントして、また元気になってほしいんです。お願いします！」

以前からしばしば私の店でストーンを買っていただいていたA氏の娘さん夫婦から、とても思いつめた表情でご相談を受けました。

聞けば、A氏が見る影もないほどガクンと体力が落ち、このままではかなり危険な状態だということでした。

できる限り応えてさしあげたい、と思いましたが、気になることがありました。

「オレは昔から神仏に手を合わせるなんて、好かん！　そんなことで人生が変わるくらいなら、誰でも神仏に拝むだけで努力しなくなるだろう！」

A氏は昔から神も仏も信じない、信じるのは自分の力だけという筋金入りのリアリストだったのです。

もちろん、神棚や神社に参拝する習慣はなく、ましてパワーストーンなどもってのほかという考え方でした。

娘さん夫婦にいざなわれてお見舞いに伺った際も、けんもほろろにいわれました。

「どうせ商売で石を売っているんだろう。こんな石っころで治れば世話はないさ」

病床にありながらも、頑固一徹で持論を貫き、何かにすがろうという気持ちなどみじんもないという、すさまじい気概を感じました。

さすがは一代で会社を創業したつわものだなあと思いつつ、明らかに体調がすぐれない様子だったのがとても気がかりでした。

私はA氏の健康のために、「ガーデンルチル」と「観音天珠」の琉球結界ブレスを作りました。

「ガーデンルチル」は、「ガーデンクオーツ」と「ルチル」が一緒になったストーンです。その名の通り、まるで庭に咲く緑の息吹を凝縮したような透明感のある美しいパワーストーンです。

私は「ガーデンクオーツ」のブレスレットを愛用していますが、まるで温かな湯に腕を浸しているようなぬくもりがあるストーンです。

ただ、どっと疲れたときや、体調がよくないときは、もやもやと濁って見えることがあり、持つ人の健康状態にとても敏感なのを実感します。

ガーデンクオーツの
ブレスレット

ガーデンルチルの
ブレスレット

「観音天珠」は、観音様（観自在菩薩）の姿が浮かび上がった天珠で、苦難を排除して、心身を平安に導いてくれるといわれています。

稳やかに過ごしたいときや、病気が心配なときにおすすめする天珠で、がんを患っている方もよく購入されます。

観音天珠

幸い、A氏は娘さんのことを溺愛されていたので、娘さんのたっての願いで、このガーデンルチルと観音天珠の琉球結界ブレスを、入院中ずっと肌身離さず着けていてくださったようです。

きっとA氏ご本人はしぶしぶ着けていらっしゃったのだと思いますが、パワーストーンは持ち主が信じているか否かにかかわらず、効力を発揮します。

それから約3か月後、A氏の娘さんからご連絡がありました。

ご相談に来られたときとは打って変わって、弾むように明るい口調でした。

「おかげさまで、父の病状がすっかりよくなって、明日退院することになりました！ありがとうございます！」

「よかった！　ご退院おめでとうございます！」

早速、快気祝いに伺うと、A氏は病室でお会いしたときとは別人のように復活されており、私の顔を見るなり開口一番、こうおっしゃいました。

「この石のおかげだよ！」

そして、娘さんの懇願でいやいや着けていたはずの琉球結界ブレスをはめた左腕をさすりながら、しみじみといわれました。

「もうこれを一生手放せんなあ」

あれほどかたくなに「パワーストーンなんて信じないぞ！」と拒絶していた方とは思えない豹変ぶりでした。

パワーストーンに半信半疑な方が病を克服したことで、ストーン愛好者に転ずる事例は今までたくさん見てきていますが、A氏もまさにそんなひとりでした。

もちろん、快復されたのがパワーストーンだけの力だと主張するつもりはありません。入院療養中の適切な治療もA氏の病気の快癒に不可欠だったのだと思います。

ただ、入院当初は快復の見込みがないほど危険な状態だと伺っていましたから、ガーデンルチルと観音天珠の琉球結界ブレスが少なからず役立ったのだと思います。

すっかり元気になったA氏は、また以前のようにバリバリと現役で活躍されているそうです。

いままでは、あんなに嫌っていたパワーストーンにも興味津々で、新しい琉球結界ブレスを作りたいとご相談を受けました。

「Aさん、その後、お体は大丈夫ですか？」

体調を気遣うと、A氏はガハハハと豪快に笑っていいました。

「そりゃあもう、オレは元気だけが取り柄だからね！」

数カ月前まで生死の境をさまよって病床に臥せっていた方とはとても思えないほど生き生きしたご様子でした。

なんでも、パワーストーンをつけている勢いで、めったに買わない宝くじを購入してみたら、ジェラルミンのスーツケースいっぱいになるほど高額当選されたと教えてくれました。

もともと能力の高いA氏のような優れたビジネスパーソンは、運を引き寄せる能力も長けているから、パワーストーンを着けることで、より強運に恵まれるのだと思います。

実例2
閑古鳥が鳴く赤字店を繁盛店に変えた「五福臨門天珠」

「助けてください！このままでは、うちの店は潰れてしまいます……！
店が最高に繁盛するパワーストーンはありませんか？」

Bさんは約20年前からご夫婦で営んでいる中華料理店のおかみさんです。
人気店とまではいかないまでも、そこそこ評判がよく、適度に儲かっていたようですが、飲食店業界の不景気の影響で、ここ数年は店に閑古鳥が鳴くようになってきたといいます。しかも、近隣に洒落た中華料理店が新たにオープンしたり、駅前に大手餃子チェーン店が参入してきたことで、客足がかなり奪われてしまったそうです。

新規顧客を呼び込むためのテコ入れに店舗をリニューアルしたいけれど、赤字続きで貯めていた資金もカツカツなので、とてもそこまで手が回らないようでした。

業界は異なりますが、私も店舗を経営しているので、店舗経営の大変さは痛いほど理解できます。

「なんとか店を繁盛させることはできないものかしら……」

Bさんは悩んだ末、インターネットで私の店を見つけ、沖縄から遠く離れた地からはるばる飛行機に乗ってやってこられたと話してくれました。

店のやりくりでお疲れのようで、とても憔悴しているように見えました。

なんとか助けになるパワーストーンのブレスをお作りしようと思いましたが、予算をうかがってちょっと驚きました。

「3千円でパワーストーンのブレスレットを作ってもらえるかしら？」

えっ、最低でも3万円？そんなにするなんて思ってもなかったわ……」

パワーストーンの価格は店によって異なりますが、お土産店などで数千円で買えるものもあれば、数万円から数十万円以上、さらに数百万円以上するものまで、その差はピンキリです。なぜそんなに価格差があるのでしょう？

簡単にいうと、価格の差は、石の大きさやクオリティの差です。

ダイヤモンドなどの宝石も価格に大きな開きがあり、プロでも見極めが難しいといわれますが、基本的に石の大きさや、カット、透明度、色合いなどがクオリティを判断するポイントになります。

基本的に、大きくてクオリティの高いパワーストーンは、必然的に価格が高くなります。

そして、大きくてクオリティの高いストーンは、それだけパワーも強力です。

切実にストーンの効力を求めるなら、強力なパワーのストーンをおすすめします。

もちろん、予算を大きく超えて、家計を脅かすような買い方はおすすめしません。

ただ、気休めに安価だけどパワーもないストーンを買ってしまったことで、「パワーストーンなんて、しょせん効かないね」と思われるのは、とても残念なことです。

そんなパワーのないストーンをお客さまに売るのは大変心苦しいので、私の店ではパワーを実感できる品質のストーンしか置いていません。

そのため、少なくとも3万円は見ていただく必要があるのです。


お店の経営状態を好転させるために、Bさんはわざわざ沖縄に飛行機で飛んで来てパワーストーンを見に来られたわけですから、私は彼女にお土産レベルの石ではなく、しっかりと効果が期待できるパワーストーンを持って帰っていただきたいと思いました。

そう話すと、Bさんもご納得されたようでした。

「確かに、安くても効果がなければ、何の意味もないわよね。

安かろう悪かろうの石を買って帰っても、うちの店のためにならないから、ちょっと予算オーバーだけど、あなたを信じて、おすすめのパワーストーンを持って帰るわ」

Bさんのためにお見立てしたのは、コウモリの形の紋様が入った「五福臨門天珠」と「アクアマリン」の琉球結界ブレスです。

コウモリは中国では「福の神」とされており、「五福」とは「福・禄・寿・喜・財」のことです。

五福臨門天珠を持つと、福を招く開運の扉が開き、大きなお金を手にすることができ、恋愛や結婚、健康にも効果があるといわれています。

五福臨門天珠

それから約2週間後。Bさんから、また来店したいという電話がありました。

「あのブレスレットを持って帰ったら、急にお客さんが絶え間なく入るようになって、驚いちゃった！

メニューもサービスも変えていないから、明らかにパワーストーンの影響だなって、わかったの。

たった2週間で、売り上げが3倍以上になるなんて、いままでなかったわ！

こんなに早く効果が出るなら、もっとパワーのあるストーンを着けて、もっと店を繁盛させたいなって思ってね」


わずか2週間で琉球結界ブレスのパワーを実感されたBさんは、翌月、仲よしのご友人も伴って再来店されました。

Bさんと一緒におみえになったご友人も、パワーストーンにすっかり魅了されたご様子でした。

「こちらの石はすごいんですってね！　私も商売をしているので、パワーストーンにあやかろうと思って着いてきちゃったの」

Bさんも、初来店のときの何倍もの予算を用意されており、ご自身の分だけでなく、ご主人やお子さんの琉球結界ブレスも購入されました。

たった2週間で、お店の売り上げが3倍以上になったことにご家族も驚いて、ぜひ自分にもブレスレットを買ってきてほしいとせがまれたそうです。

Bさんが再来店されて間もなく、また来店したいというお電話をいただきました。

「おかげさまで、またすごいことがあったの！

2度目にお店にうかがってブレスレットを作っていただいた翌日に、いままで1度もなかった貸し切り予約が入ったんですよ！　もうダンナと一緒に腰を抜かすほどびっくりしちゃって！」

1か月後に来店されたときは、店の古い常連客という社長さんにプレゼントするために、Bさんは数十万円のパワーストーンを購入されました。

最初に来店されたときは、3万円の予算でも高いとおっしゃっていたのに、わずか1カ月あまりでパワーストーンに対する認識がすっかり変わったようでした。

「本当にパワーストーンに効果があるのかな？　もし効果がなかったら、貴重なお金をムダにしてしまうことになる……」

そんなもやもやした葛藤から、思い切って購入できない人が多いのですが、パワーストーンの効果をご自身で実感されると、それまでの疑念が吹き飛んでしまいます。

ちなみに、Bさんにパワーストーンをプレゼントされた社長さんも、それ以来、自社の売り上げが伸びたそうで、いまでは私の店の常連になっていらっしゃいます。

Bさんに最初にお作りした五福臨門天珠とアクアマリンの琉球結界ブレスがきっかけとなり、周囲にパワーストーンをめぐる〝幸福の連鎖〟が広がっているのです。

実例3
ギャンブル運は下がるも、商売運は好転！「七眼天珠」の不思議な力

「パワーストーンのブレスレットを着けたら、賭けごとが全然当たらなくなってさ」

そうぶつぶつこぼすのは、ある商店を営む若いご主人さんです。

それをそっと横目に見ながら、しっかり者の奥さまは声には出さず、ふっと含み笑いを浮かべていらっしゃいました。

そのご夫婦が私のお店にいらっしゃったのは、半年ほど前のことです。

「パワーストーンを持っていると、商売が上向きになって、お金が貯まるって親戚にすすめられたんだけど、そんなストーンはありますか？」

聞けば、いま経営している店の売り上げが年々下がっているので、もう少し地の利のよい場所に移転しようと考えているとのこと。

しかし、そのためにはある程度まとまった資金が必要になります。

現状では売り上げがかんばしくないので、貯金もたいしてできず、親戚の叔父さんに相

談したところ、パワーストーンをすすめられたというのです。

お話を伺って、「龍眼七眼天珠」と「ルチル」の琉球結界ブレスをお作りしました。

「七眼天珠」は、目の前の問題を解決して、商売や蓄財などさまざまな面で役立つといわれるパワーストーンです。

「ゴールドルチル」は金運を招くパワーストーンです。これらを組み合わることで、商売繁盛のパワーを持つのです。

龍眼七眼天珠

このブレスレットをお作りして数カ月経ったころ、別のパワーストーンのブレスレットを作りたいとご夫婦で再来店されました。「おかげさまで、あれから売り上げがぐんぐんアップして、月々の貯金額も上がっています。このままいけば、年末には目標額に達するので、年明けには店の移転計画を実現できそうです！」

そう目を輝かせるしっかり者の奥さま。

そのそばで、ちょっと不満顔のご主人。

「確かにあのブレスレットを買ってから、商売の儲けは上がったけどさ、なぜかあれからさっぱりギャンブルが当たらなくなって、まいったよ。パワーストーン着けてパチンコや競馬にいったら、さぞかしツキがあるかと思ったのに、逆にツキに見放されちゃった感じで……。だから、もうパチンコに行くときは、パワーストーンのブレスレット持っていかないことにしようと思ってさ（笑）」

実は、このご夫婦がなかなか資金を貯金できなかったのは、ご主人のギャンブル癖の影響も少なからずあったのです。

商売のための蓄財という目的を遂行するためには、ギャンブルのようなムダ遣いは妨げになります。

どんなに汗水たらしてバケツにお金を入れても、バケツにムダな穴が開いていては、いつまで経ってもお金は貯まりませんから。

「ギャンブルはもう少し控えなきゃ……」

と、ご主人もうすうす感じていたそうですが、パチンコも競馬も、つい熱くなって必要以上にお金を浪費していたようです。

結果的にご主人のギャンブル運が下がったことで、ご夫婦の目的である店舗の資金を浪費せず増やすことができたようです。

「龍眼七眼天珠」や「ルチル」にギャンブル運を下げる力があるわけではありませんが、パワーストーンによって最も叶えたい願望が成就するとき、その願望を妨げるものごとが退けられたり、機能しなくなるなどの異変が起きることがあります。

次にご紹介するのも、そうした事例です。

実例４
冷めた夫婦をラブラブに戻した「息増懐珠」と「ゴールドルチル」

「夫婦仲が冷えてしまって、年下の不倫相手と結婚しようと思っていたけど、結果的にダンナとまたよりが戻って、いまはすごく幸せです」

そう話してくれたのは、数カ月前にパワーストーンを買いに来られたCさんです。

彼女はアラフォーとは思えない美魔女で、少し前まで10歳以上も年下の男性Dさんと不倫関係にありました。

最初に相談に来られたとき、彼女はこういっていました。

「夫と離婚できるパワーストーンのデザインブレスレットがほしいんです。

夫とは昔は熱愛の末に結婚したけど、いまは家でもほとんど会話をしないし、たぶん夫はもう私に興味がないんだと思います。

最近、Dくんという20代の恋人ができて、彼に夢中なので、夫と別れて、若いDくんと結婚できたらなあって思っているんです。

私のヘアスタイルやファッションが変わっても、気付いてもくれない無関心な夫より、『いつもすごくきれいだね』『今日もおしゃれだね』って、ちやほやしてくれるDくんのほうが女性としてテンションが上がりますからね」

私は、Cさんが真の愛をつかんで幸せになるように、「息増懐珠《そくぞうかいじゅ》」と「ゴールドルチル」を使った琉球結界ブレスをお作りしました。

「息増懐珠」は悪いご縁を断ち切ったり、ストレスを感じる人間関係を平穏に保ちたいときなどにおすすめの天珠です。この天珠を身につけると、最悪なできごとを避け、喜びごとが重なるといわれといます。

ShinshikiHappySpot

息増懐珠

1カ月ほどして、Cさんからご連絡をいただきました。

「実は……、あれからいろいろあって、Dくんとは別れちゃったんです。

でも、Dくんに飽きられてフラれたとか、ケンカ別れしたわけじゃありません。

あのブレスレットを着けるようになってから、私の気持ちが大きく変わったんです。

Dくんといるより、夫といるほうが変にムリしなくていいし、やっぱり夫のほうが心地よいなぁって思えることが多くなって……、気付いたら、自然と夫とよりが戻っていたんです。

まさか、夫との関係が復活するなんて思ってもいなかったから、正直驚きましたが、今思えば、本心は夫とやり直したかったのかもしれません。

一時は離婚まで考えていたけど、いまは夫と結婚したときの初心に帰って、この愛を一生大切にしていきたいって思っています」

Cさんの声は、とても清々しく弾んでいました。別れたDさんに対しても、未練はないようでした。

「よく考えてみたら、夫と会話がない寂しさを埋めるために、ちやほやしてくれるDくんに依存していただけだったのかもしれないなって思います。

『もう一回、ちゃんと夫婦としてやり直そう』って夫にいわれて、いまは幸せな気持ちでいっぱいです。もしかしたら、結婚前より深く愛しているかもしれません。私が心の奥で本当に願っていたのは、夫とやり直すことだったんだなって、あらためて気付きました。これもパワーストーンのブレスレットのおかげです。ありがとうございました！」

年下の恋人と結婚するという最初の願いとは異なり、夫婦が元の鞘に収まることになったわけですが、当のCさんはこの想定外の展開にとても満足しているようでした。

人は自分のことがよくわかっているようで、意外と自分の深層心理に気づいていないことが少なくありません。

あるいは、「どうせ叶わない」と自分の本心を無意識のうちに押し殺して、自分を自分でごまかしていることもあります。

自分の望みが明確な場合、パワーストーンは脳に自分のミッションを思い起こさせるアンカリングになります。しかし、Cさんのように自分の本心に気づいていない場合、パワーストーンを持つことで、本心に気づかされるような結果になることがあります。

もうひとつ、夫婦関係が回復した事例をお話しします。

専業主婦のEさんの夫は、残業や出張だとウソを重ねては、頻繁に愛人宅に通っていたそうです。

ある日、浮気の決定的な証拠をつかんだEさんは、それを突き付けて夫を問いただしました。すると、あろうことかEさんの夫は逆切れして、こういい放ったそうです。

「それがどうした？　愛人と別れるつもりはないからな！」


Eさんはショックで食事も喉を通らなくなってしまったそうです。

意を決して私の店に相談に来られたときは、彼女は病人のようにやつれていました。

「子どももいるし、こんなに辛い思いをしても夫のことが好きだから、どうしても離婚したくないんです。

また以前のような夫婦関係に戻れるようなパワーストーンはありませんか？」

これはEさん自身の心からの切実な願いでした。離婚したほうが賢明なのかもしれないと考えつつ、夫を愛しているという気持ちを偽ることができなかったのです。

私は彼女に「ゴールドルチル」のデザインブレスレットをお作りしました。

数週間後、Eさんから少女のようなはしゃいだ声でお電話をいただきました。

「あのストーンを着けるようになってから、ダンナがすごく優しくなって、毎日早く帰ってきてくれるようになったんです！

『やっぱり、君と一緒にいるのが一番楽しいね』っていってくれて、恋人時代に戻ったような感じなんです。おしゃれなレストランで食事したり、手をつないで公園を歩いたり、まるでラブラブだった結婚前にタイムトリップしたみたい！」

この後、Eさんの夫は別れるつもりはないといっていた愛人と決別して、長年の不倫関係に完全に終止符を打ったそうです。

ご紹介したのはどちらも不倫を乗り越えて夫婦愛が復活した事例でしたが、これらのパワーストーンを持てば、必ず夫婦関係が修復できるというわけではありません。

ドメスティックバイオレンスやモラルハラスメントなど、配偶者に大きな問題がある場合は、このパワーストーンを持つことで、逆にスパッと離婚に至る例もあります。

夫婦関係に限らず、恋愛や結婚に関する願いを叶えるためにパワーストーンを求める人はたくさんいますが、ひとつご注意いただきたいのは、パートナーの不倫相手や恋敵をおとしめようといった呪いのためにパワーストーンを使おうとするのはご法度だということです。

そもそも、パワーストーンは誰かを不幸にするために使うものではないからです。

次にご紹介するのは、パワーストーン呪いに使おうとした人の事例です。

実例5
パワーストーンを呪いに使おうとした女性の身に起きたこと

「職場に大嫌いな人がいるので、パワーストーンでその人が目の前から消えるように仕向けられませんか？」

そんなリクエストをしてきたのは、ある専門職のFさんです。

彼女はバツイチのアラフォーでしたが、独り身を楽しむタイプではなく、１日も早く孤独から脱出したいと願っているようでした。

そのため、猛烈な再婚願望がありましたが、長年勤めている職場には年配の既婚者しかおらず、出会いのチャンスは皆無といっていい状態でした。

まじめでストレスを感じやすいFさんは、プライベートでも人付き合いが苦手で、愛犬の散歩をすることだけが、唯一の息抜きだと語っていました。

そんな中、大変溺愛していた愛犬が、老衰で亡くなってしまいました。

重度のペットロスに陥ったFさんは、孤独を癒してくれる天珠のパワーストーンを求めて来店されました。

「◯◯の天珠を着けたら、すごく心が穏やかになって、久しぶりによく眠れました。でも、職場の上司が大嫌いで、その人のことを考えると、また気分がふさぎ込んでしまいます。あいつがいなければ、私はもっと楽になれるはず。パワーストーンの力であの人を職場から追い出せませんか?」


私はお客さまからリクエストがあれば、いつも最適なパワーストーンをお見立てしていますが、パワーストーンをネガティブな願望のために使うことは固くお断りしています。

私はFさんに、他人をおとしめるのではなく、人間関係が改善して、将来的によき出会いにつながるようなストーンのブレスレットをご提案しました。

Fさんは「いい出会いにつながるなら」と受け入れてくださったものの、どうしてもネガティブな思いを断ち切れなかったようでした。

「人間関係をよくするには、まずあの上司が私の目の前から消えるしかないと思う。絶対にあいつが職場から消えるしかないですよ」

私は嫌な予感がして、Fさんに再度お伝えしました。

「このパワーストーンを持ったからといって、誰かを追い出したりはできませんが、Fさんご自身の人間関係の問題点を改善して、今後のいい出会いにつなげていくことはできますよ」

Ｆさんがオーダーしたパワーストーンを持って帰られた翌日、ものすごい剣幕で電話がかかってきました。

「今日、職場をクビになったんですけど！　上司が私のことを悪く言ったみたい。私はあの上司を解雇してほしかったのに、これじゃあべこべじゃない！　これから新しい職場を探さなきゃならないし、もう最悪！　石のせいでこんなひどい目に遭うなんて、どうしてくれるの?!」

こうしたクレームになったのは、２万人のお客様の中でも極めて珍しいケースなのですが、パワーストーンについてきちんと知っていただきたいので、あえて書かせていただきます。

Ｆさんに限らず、パワーストーンをネガティブなモチベーションで使おうと考える人がときどきいます。

「目障りな邪魔者を目の前から消してほしい」

「自分がうまくいかないのは、他人のせい。だから復讐したい」

「自分が勝つために、ライバルを潰したい」

「他人の不幸は蜜の味。幸福な人をおとしめたい」

「他人を下げることで、自分のポジションを上げよう」


しかし、パワーストーンは他人を呪う黒魔術の道具ではありません。

そんな気持ちでパワーストーンを持っても、そもそも幸せにはなれません。

誰かをおとしめてまで自分の願いを叶えてみたところで、後ろめたさが残るだけで、心の底から沸き立つような達成感や満足感を得ることはできないはずです。

そうしたメンタリティでは、何かうまくいかないことがあると、Fさんのように「パワーストーンのせいで不幸になってしまった！　どうしてくれるんだ！」ということになりがちです。


第1章でお話ししたように、私たち人間とは比べものにならないくらい長い年月をかけて生成されてきたパワーストーンは、人知を超越した存在といえます。

目先の利益のためにパワーストーンを悪用しても、長い目で見たときに無益であることをパワーストーンはよく知っています。

「今、目の前にある問題をとにかく解決したい」

「今よりも、もっともっとよくなりたい」

そう願うなら、パワーストーンの力で他人を操作しようとするのではなく、まず自分自身が変わるべきです。


Ｆさんが解雇されたのは、一見不幸なできごとのようですが、そうではありません。

Ｆさんの心からの望みは、ストレスフルな人間関係のない世界で生きることであり、彼女の深い孤独を癒してくれる愛情を持った再婚相手との出会いです。

出会いの可能性が限りなく低く、しかもストレスフルな上司のいる職場で働き続けても、Ｆさんの願いは叶わなかったでしょう。

Ｆさんは「最悪！」と嘆いていましたが、解雇されたことで、彼女はネガティブな上司から解放され、出会いのない職場を去って転職することで、新たな出会いの可能性が広がりました。

一見、最悪に思えるようなできごとも、少し角度を変えてみると、その人の望む方向に人生が好転していく突破口かもしれません。

ノミは自分の数十倍の高さを軽々と飛び越える能力がありますが、長い間コップの中でノミを飼うと、コップ以上の高さを飛ばなくなるそうです。

ゾウも長年くさりでつないで飼っていると、くさりを外しても、自分のテリトリーからなかなか出ようとしないといいます。

人間も、たとえ何の希望もない職場でも、長年そこにいると、自ら逸脱する勇気が失せてしまいます。

Fさんが解雇という形で職場を出ることになったのは、「この八方塞がりの職場を飛び出したい！」という、彼女自身の本心だったのではないでしょうか。

その後、Fさんは転職して、新たな出会いを見つけられたようです。

パワーストーンはその人の潜在意識にコミットして、真の願いに導いてくれます。

その過程で、パワーストーンが悪しき縁を断ち切ってくれることがあります。

それが解雇のようにショッキングな形で現れることもあるのです。

実例6
営業マンの人脈を爆発的に広げた「アクアマリン」と「オブシディアン」

「まさか、人見知りのぼくが2年足らずで１０００人以上の有益な人脈を築けるなんて、いまでも夢を見ているような気持ちです」

そう語るのは、かつて不動産の営業をしていた営業マンのＧさん。

彼はもともと人見知りな性格で、営業していても、なかなか売り上げにつながらず、職場でもお荷物のような存在だったようです。

そのため、職場でも同僚や上司から陰湿ないじめに遭っていました。

「いっそこの仕事を辞めようか……。でも、もしここで逃げ出したら、ますます自信がなくなって、ダメになってしまうかもしれない……」

Ｇさんは悩んだ末、数少ない友人に相談してみました。

「人見知りの君がいきなり変わることは難しいだろうから、何か心のよりどころになるものを身に着けたら？　実は最近ぼくも買ったんだけど、パワーストーンはいいよ」

その友人に連れられていったお店で、Gさんは運命の石とめぐり会ったのです。

「これを一目見た瞬間に、スーッと吸い寄せられてしまってね。もうひとめぼれですよ。あれ以来、ずっと肌身離さず首から下げていますよ」


初めてGさんにお会いしたとき、そういって大きな「アクアマリン」の原石が付いたネックレスを大事そうに見せてくれました。

40代の男性がアクアマリンのネックレスをしているのは珍しいので、初対面の人と会うと必ず「それは何ですか？」と不思議そうに尋ねられるそうです。

「実はね、このアクアマリンを着けてから、仕事でもプライベートでも、いろいろなよいご縁があり、それがどんどんつながっていったんですよ。

そのご縁で培った人脈が1年であっという間に600人ほどに広がり、それがいまでは1000人以上に増えています。

もちろん、パーティで名刺をばらまいたり、SNSで誰かれかまわず友達申請をしたり、ネズミ講みたいな紹介でつながっているわけではありませんよ。

良縁は良縁を招くもので、優良な取引先の社長が、別の取引先を紹介してくれて、そこで実績を上げたことで、また別の取引先や人材を紹介されるといった形で、自然にネットワークが広がっていったんです」

Gさんはアクアマリンのネックレスについて尋ねられるたびに、この不思議なネットワークのことを話されるそうです。

その話を聞いた人たちもパワーストーンに興味を持つようになり、「じゃあ私も」と身に着けて、その人にもよいご縁が舞い込むことが多いそうです。

よいご縁とご縁の輪がつながって、ご縁の輪がどんどん拡大していく――まさに、パワーストーンをめぐる〝幸福の連鎖〟です。

ちなみに、1章でも触れたように、アクアマリンは私の2万人のデータでは結婚運を引き寄せるパワーストーンなのですが、Gさんにとってはビジネスの人脈を引き寄せる作用があったようです。

Gさんはアクアマリンの引き寄せによって培ったネットワークをもっと生かすために、会社を辞めて起業しました。

そのとき、新たに私の店で「オブシディアン」のブレスレットをオーダーされました。オブシディアンは黒曜石にゴールドの輝きがある魔除けのストーンです。

オブシディアンの
ブレスレット

アクアマリン

人脈が広がるときは、悪い縁も引き寄せてしまったり、足を引っ張られることがあるので、魔除けのパワーストーンが必須です。

オブシディアンのストーンを着けてからは、人脈が日本だけでなく世界各国に広がり、彼のビジネスもどんどんインターナショナルになっているようです。

人見知りで、社内いじめに遭っていた地味な営業マンだったGさんが、いまでは海外を飛び回って活躍しています。

彼の華麗なる転身のきっかけがパワーストーンだったことから、最近はパワーストーンのビジネスも手掛けられており、さらなる〝幸福の連鎖〟が続いているようです。

実例7
わがままマネージャーの性格を一変させた「卍一眼天珠」

「せっかく管理職になったのはいいけど、少しでも気に食わないことがあると、すぐにイラっとしてしまうのよね。仕事中にイライラするのはすごくストレスだし、あなたにお任せするから、私がもっとハッピーな気持ちになれるようなパワーストーンを作ってくれない？」


ある中間管理職のマネージャーの女性Hさんから、そんなご依頼を受けました。

彼女はいかにも仕事ができるバリバリのマネージャーさんという雰囲気でした。

ただ、お話を伺っていると、自分本位で高飛車なところがあり、彼女の下で働いている部下の方々は相当苦労されているのではないかと思われました。

実際、彼女の部下は何人も辞めているようでしたが、彼女自身は自分のわがままに無自覚で、自分は悪くないのに周りがわかってくれないとこぼしていました。

そこで私は、「卍一眼天珠《まんじいちがんてんじゅ》」と「クオーツ」を組み合わせた琉球結界ブレスをHさんのためにお作りしました。

「卍一眼天珠」は、その人の性格をよい方向に変える力を秘めたパワーストーンです。

卍一眼天珠

それから約1か月後、Hさんが部下の女性たちを連れてにこやかに来店されました。

「あれからなぜか気持ちがスッと穏やかになって、仕事中にイライラしなくなったの。部下も上司も人が変わったように優しく接してくれるようになって、なんだかキツネにつままれたみたいな気分だけど、いまはすごくハッピーよ。ありがとう！

部下にもいいパワーストーンがあったら、作ってあげて」

Hさんは1か月前とは別人のように柔和な雰囲気に変わっていました。

彼女が連れてきた部下の女性たちに事情を伺うと、みなさん異口同音にいいました。

「私たちが優しくなったというより、あのブレスレットを着けられてから、Hさんがすごく優しくなったんです。

だから、私たちもHさんのブレスレットに感謝しています。

いままでのHさんは、口を開けばキツい命令口調だし、怒らせるとヒステリーになるので、みんな顔が引きつってしまって、いつもびくびくオドオドしていました。

でも、いまはちゃんとこちらのことを気遣って温かい言葉をかけてくださるので、自然と笑顔になりますし、精いっぱい応えようという気持ちになります。

パワーストーンを持つだけで、人ってあそこまで変われるものなんですね」


他人の反応は、自分の言動の鏡です。

Hさんのように他人に不満を感じていて、それを変えたいと思うなら、まず自分から変わる必要があります。

他人を責めるとげとげしい言動が、他人をいたわる温かな言動に変われば、他人の反応もそれに呼応して穏やかになっていきます。

それによって、互いの関係性がマイナスからプラスの方向にチェンジします。

マイナスの関係性を続けていれば、互いに精神を削り合うことになり、運気も落ちていきますが、プラスの関係性に変われば、相乗効果で運気も上がります。

他人との関係性を急に変えるのは難しいかもしれませんが、パワーストーンの力を活用することで、自分でも無意識のうちに言動が変わって、互いの関係性も運気もプラスに転じていくきっかけをつかめます。

実例8
温かな家庭の味を取り戻すきっかけになった「ブラッドストーン」

「5年前から、お正月にお雑煮を食べたことがありません。妻に頼んでも、「ふん」とそっぽを向いて、まったく作ってくれないんです。正月に家でお雑煮も食べられないのは、ほんと寂しいもんですよ……。たかがお雑煮ぐらい、外で食べればいいのかもしれませんがね、私にとってお雑煮は子どものころから温かい家庭の象徴なんですよ。それだけに、お雑煮抜きのお正月は、心にぽっかり穴が開いたような感じで、正直堪えます。そろそろ年末も近付いているので、今度の正月こそ、家で温かなお雑煮を食べたいなあって思っているんです」

初老の会社員のIさんは、髪の薄くなった頭をさすりながら、何度も大きくため息をついていいました。

Iさんの奥さんはお雑煮が嫌いなわけでも、料理が苦手なわけでもなく、数年前まではお正月になるといつも具だくさんの美味しいお雑煮をこしらえてくれて、元旦に一家で仲良くそれを食べていたそうです。

それなのに、５年前から奥さんはお雑煮をぱたりと作らなくなったというのです。

Ｉさんは外で浮気をしたりしているわけではありませんが、奥さんの小言が苦手で、夫婦の会話はあまりないといいます。

しかも、Ｉさんは仕事の関係で日ごろから外で飲むことが多く、特に年末は付き合いで連日遅くまで飲み歩くことから、奥さんの小言が一段と増えるそうです。

私はＩさんに「ブラッドストーン」のデザインブレスレットをお作りしました。

「ブラッドストーン」は、名前の通り血のような赤い斑点がある深緑色のパワーストーンです。血行をよくして身体を温め、魔除けのパワーがあるといわれています。

ブラッドストーン

年末が過ぎ、お正月休みが明けてすぐに、Ｉさんからちょっと興奮した声でお電話をいただきました。

「いやあ、今年の正月は、おかげさまで妻がお雑煮をこしらえてくれましたよ！　５年ぶりのお雑煮は、五臓六腑にめちゃくちゃ沁みました！　腹も心も、ぽかぽかした感じでねぇ。やっぱり、お雑煮がないと、年が明けた気がしないですから。

５年ぶりにやっと新年を迎えたような気分ですよ」

Ｉさんは、パワーストーンのブレスレット着けてから、飲み歩くのを少し控えるようになって、その分、早く帰った日は、奥さんの話を聞くようになったそうです。

「まあ、こまごました小言が多いんですが、それをうんうんと聞いてあげるだけで、妻はスッキリするようで、年末年始も珍しく機嫌がよくてね。

こんなことなら、もっと話を聞いてあげていればよかったたって反省しました。

私も年末に飲み歩くことが減ったせいか、いつもはぐったり寝正月を決め込んでいましたけど、今年は体調がよくて、お雑煮もたっぷり味わうことができましたよ」

話はそれだけではありませんでした。Ｉさんは会社の新年会で毎年行われているジャンケン大会で勝って、15万円の賞金を獲得したとうれしそうに教えてくれました。

「私は子どものころからジャンケンがめちゃくちゃ弱くて、新年会のジャンケン大会も、いつも最初に負けちゃって勝った試しがないんですよ。

なのに、今年はあれよあれよという間に勝ち残っちゃって、自分でも驚きました。

妻にそれをポンと渡したら、もう大喜びで、その日は小言もいいませんでした。

15万円ゲットしたことより、妻が小言をひとこともいわなかったことのほうがうれしかったかもしれません。

新年会の日は雪がチラついて寒かったけど、懐も心もほっかほかでね。

これも、このパワーストーンの効果なんですかね？」

温かい家庭を求めていたIさんの願いが、パワーストーンのブレスレットを着けることによって、さまざまな形で叶ったのだと思います。

同じパワーストーンでも、人によって起こるできごとはそれぞれ異なりますが、Iさんのように自然体で受け入れ、自らも変わろうとすることで、次々にいい効果が表れてきます。

実例9

その日暮らしのオタク青年を就職に導いた「九眼天珠」

「えっと、あの、ぼくバイトをクビになっちゃって、お金全然ないけど、でもなんかパワーストーンが欲しくて、あのその…」

Jさんは、高校を卒業してから、その日暮らしのバイトを転々としている若者です。

一度も会社に就職したことがないそうで、お店にやってくるときはいつもぼさぼさの頭に、よれよれのTシャツと汚れたビーサン姿で、いかにもオタクっぽい感じでした。

パワーストーンにすごく興味があるようで、来店するたびに1時間以上かけて石をあれこれ舐めるように眺めては、「あのストーンは何ですか?」「このストーンは何ですか?」とスタッフに尋ね、何も買わずに帰っていくのが常でした。

パワーストーンに興味を持っていただけるのはとてもうれしいのですが、そこまで時間をかけて何度も足を運ぶくらいなら、やはり実際に身に着けて、パワーストーンの効果を実感してみてほしいと思いました。

でも、何をおすすめしても、Ｊさんは「欲しいけど、お金がないから、いまは買えない」の一点張りでした。

あるとき、私の夫がＪさんにいいました。

「いま出せる金額でいいので、このパワーストーンを一度身に着けてみてください。これを着けることで、きっとＪさんの人生に変化が起こるはずです。本来は値の張るストーンですが、特別におまけしますよ」

もちろん、夫はお金のないＪさんに無理やりパワーストーンを押し売りをしようとしたわけではありません。

このままでは、Ｊさんは生活するのに精いっぱいで、ずっとパワーストーンを買えないままだろうと思った夫が、何とかＪさんにパワーストーンの効力を実感してもらいたくて、儲けを度外視して提案したのです。

Ｊさんもこれはチャンスだと思ったようで、なけなしのバイト代を必死にかき集めて３万円支払ってくれました。

「こんなに高い買いものしちゃったから、来月はバイトがんばんないとなあ」

そういいながら、初めて〝マイパワーストーン〟を手にしたＪさんはとてもうれしそうでした。

主人がJさんにお見立てしたのは、「九眼天珠」のブレスレットでした。

これは七難八苦を七福八徳に変えるといわれる天珠で、社会的な地位を高めたい人や、大きな富を得たい人、事業をしている人におすすめのパワーストーンです。

九眼天珠

数週間後、またふらりとJさんがお店に現れました。

相変わらず、よれよれのTシャツにビーサンでした。

ただ、以前は見るからに覇気がなかったのですが、このときは目の奥に光がぽっと灯ったような印象で、心なしか表情が少し引き締まって見えました。

「あれからバイトが結構順調で、バイト代も上がったんです。

だから、そのお金でまたパワーストーンを買おうと思って来たんです。

今度はちゃんと就職して、正社員になりたいなって思って」

Jさんはそういって、今度は10万円近くするパワーストーンを持ち帰りました。

なけなしのバイト代をかなりつぎ込んでいるようでしたが、それだけ彼の覚悟の強さを感じました。ただパワーストーンを見に来ていただけのころのJさんとは明らかに違いました。


それから約3カ月後、お店にぶらりとJさんがやって来ました。

正直、最初はその青年がJさんとはすぐに気付けませんでした。

なぜなら、彼はよれよれTシャツに汚いビーサンではなく、パリッとしたスーツ姿だったからです。

ぼさぼさ頭もすっきり散髪して、靴もピカピカ。顔つきもしゃきっとして、話し方も別人のようにハキハキした口調になっていました。

「バイト生活をやめて、就職したんです。正社員になって給料が安定すると、こんなに生活も気持ちも安定するんだなって初めて気付きました。

両親もすごく喜んでくれています。これもパワーストーンのおかげなのかなって、みなさんに感謝しています」

見た目の変化は、彼自身の内発的な変化によるもので、周囲の人間が無理強制的に発破をかけたり、外見だけ変えてみても、本人の気持ちが変わらなければ、ここまでの変化はなかったはずです。

パワーストーンは、こうした自ら変わろうとする力を引き出す大きな原動力となります。

「今月からチームのリーダーみたいなのに選ばれて、自分もやればできるんだなって自信がついたっていうか。へへ、結構がんばってますよ。

バイトではいつも下っ端仕事しかしたことなかったけど、チームをまとめるようになってみて、初めて部下を持つ大変さがよくわかりました。

自分はもっと上に行きたいので、それに合うパワーストーンをまた買いにきました」

パワーストーンを手にしてから半年もしないうちに、下っ端のバイト生活から、中堅企業の正社員として就活に成功し、いまはチームリーダーとしてもっと上を目指しているJさん。

トントン拍子でステージが上がっている彼のあまりの劇的な変化に驚くと同時に、パワーストーンの力をあらためて実感しました。

もし、彼が「お金がないから、まだ買えない」とパワーストーンを手にしないままだったら、いまの彼はなかったでしょう。

「お金が貯まったときに、いずれいいパワーストーンを買おう」

と考えて、地道にコツコツお金を貯めるより、思い立ったときに、予算の許す範囲でパワーストーンを手に入れ、ステージが上がったときにより強力なストーンを追加していくほうが、より早く願望を成就できます。

高度情報化社会の昨今、ＩＴの世界でも、１００％完璧なものを追求するのではなく、不完全な箇所を補うべくアップデートしていくシリコンバレー方式が主流になっています。

「いつかお金が貯まったら」

「いずれは欲しい」

という考え方は、変化を遠ざける一種の逃げ口上です。

変化を恐れていては、「いつか」や「いずれ」は、永遠にやってきません。

パワーストーンは、「いつか」「いずれ」が口癖の人が、自然にステップアップする流れに導いてくれるきっかけになります。

実例10
身体の異変を知らせてくれた「火供養二眼天珠」と「観音天珠」

「パキッパキパキパキッ」

建設会社を経営しているKさんの家で、「スモーキークオーツ」が音を立てて割れました。このストーンは別名「煙水晶」といわれる通り、煙のようなスモーキーな色をした水晶で、魔除けの力があるといわれています。

水晶のように硬いストーンは、もしうっかり落としてしまっても、ガラスのように簡単に割れたりはしません。

それなのに、音をたてて割れたということは、何かよくないものから身を守ってくれたのではないかと考えられます。

Kさんはとてもおおらかな人で、人から恨まれるような人物ではありませんが、業界ではかなり成功している方なので、それをうらやんでいる人は少なくないのだろうと思います。

スモーキークオーツ

実はKさんはパワーストーンのことをそれほど信じていなかったのですが、「魔除けの石ぐらいなら、持っていてもバチは当たらないだろう」と、お守り代わりにスモーキークオーツをお持ちでした。

しかし、めったなことで割れないストーンがパキパキと割れたことで、Kさんはちょっと心配になったようでした。

「そういえば長年、人間ドックにも行っていないし、久しぶりに悪いところがないか診てもらうか」

人間ドックで診てもらった結果、がんであることが発覚しました。

医師からは、早めに手術したほうがいいと診断されました。

Ｋさんはがんだったことがショックだったようで、がん封じのストーンはないかと相談に来られました。

そこで私は「火供養天珠《ひぐようてんじゅ》」と「観音天珠」を組み合わせた琉球結界ブレスをお作りしました。

古来よりチベット周辺では病気になっても医者に診てもらう前にまず僧侶に診てもらうといいますが、「火供養天珠」は、チベット僧たちがお寺でお経をあげる中、ごうごうと燃え盛る火中で供養された魔除けの天珠です。

火供養天珠

「観音天珠」は、実例1でご紹介した通り、観音様（観自在菩薩）の姿が白く浮かび上がった赤い天珠です。

「火供養天珠」も「観音天珠」も、病気が心配なときにおすすめする天珠です。

もちろん、薬事法的にこのストーンを持てばがんが治るとはいえませんが、これらのパワーストーンを身に着けた人ががんを克服した事例が多いことから、自然に口コミで広まり、がんを患っている方がよく購入される石です。

しばらくして、Kさんの身にまた異変が起きました。

右肩が急に上がらなくなったのです。

なんとか肩を上げようと四苦八苦していた中、左腕に着けていたブレスレットにふと目をやると、驚くべきことが起こっていました。

「観音天珠」の観音様の右肩に、槍のような尖ったものが刺さって見えたのです。

「これはいったいどういうこと……？」

店に飛んで来られたKさんの「観音天珠」を見て、私も夫も驚きました。

いままでこんな風に変化した天珠を見たことがなかったからです。

割れた「スモーキークオーツ」同様に、この天珠もKさんを守るために働いたのではないかと考え、新しい「観音天珠」に取り換えました。

槍が刺さっているように見えた天珠は、観葉植物の根元に埋めました。第3章で詳しくご説明しますが、割れてしまったり、様子が大きく変化したパワーストーンは、土に還してあげるのが自然の摂理にかなった方法なのです。

それから数時間後、Kさんから電話がありました。

「右肩が上がるようになりましたよ！　さっき石を取り換えてもらったからだね。もしあの石が私の身代わりになってくれたんだとしたら、ありがたいねぇ」

不思議なできごとは、なおも続きました。

がんの手術をするために病院で再検査をしたKさんは、医師からこう告げられたのです。

「うーん、前回の検査で見つかったがんが、消滅しています。転移も認められません。手術しないのにがんが自然に小さくなったり、消えたりするケースはごくごくまれにあるんですが、かなり珍しいケースです」

がんの手術をしなくて済むことになったKさんは、大喜びでお店にやって来ました。

「いやあ、ここのパワーストーンのおかげで何度も命拾いさせてもらったよ。お守り代わりだと思っていたけど、まさか本当に守ってくれるとはねぇ！

迷信とかあんまり信じないほうだけど、自分の身にこうもいろいろ起こると、単なる偶然じゃないってことがよくわかるよね。

今日はうちの娘にもパワーストーンを買ってあげようと思ってさ。悪い虫がつかないようにっていうんじゃないけど、魔除けのストーンを持たせておくと安心だからね」

Ｋさんはいまではパワーストーンに興味津々で、ご家族や周囲の人たちにもパワーストーンをすすめていらっしゃるようです。

パワーストーンの作用で恩恵を受けた人が、パワーストーンの魅力を広めることで、パワーストーンの効果がさらに波及し、ひとりでも多くの人が幸せになるのは喜ばしい限りです。

第3章

パワーストーンと上手につき合おう

選び方・使い方・手入れの仕方

「ビビビッ」とくるのは、運命のパワーストーン？

「私もパワーストーンの力にあやかりたい！」
「自分にぴったりなパワーストーンを早く手に入れたい！」

パワーストーンのものすごい力を知れば知るほど、早く自分でも試してみたいと思いますよね。

ただ、パワーストーンを手に入れようと思っても、初めて購入するときは、あれこれ戸惑うことが多いのではないかと思います。

「パワーストーンはどんな店で買えばいい？」
「インターネットショップでパワーストーンを買っても問題ない？」
「できるだけ質の高いパワーストーンが欲しいけど、違いがよく分からない……」

昨今はパワーストーンブームの影響で、パワーストーンを扱うショップが増えたとはいえ、石の種類や品質、価格も千差万別なので、お店選びやストーンの選択に迷ってしまうのではないでしょうか。

私もパワーストーン初心者だったころは、お店や石の選び方の観点がよくわからず、いろいろ戸惑いました。

洋服や靴などのファッションアイテムを買うのであれば、取り扱っているブランドであったり、素材の質のよさだったり、自分に似合うか似合わないかといった観点から、気に入った店や商品を選ぶことができます。

しかし、パワーストーンの場合は、初心者の方が石のクオリティのよしあしを見分けるのは至難の業なので、パワーストーンを熟知したプロのアドバイスが不可欠になります。

「きれいな色や模様のついたパワーストーンのブレスレットやネックレスを、アクセサリーとしてコーディネートしたい」

そんなふうにファッションのひとつとして、アクセサリー感覚で好きな色の模様の石を選ぶ人もいます。

それも石の楽しみ方かもしれませんが、ストーンの組み合わせによってパワーの出方がまったく変わってくるため、自分の波長に合わないストーンを組み合わせてしまうと、違和感を覚えたり、体調が悪くなることがあります。

「このストーンを見た瞬間、ビビビッときた！」

「まるでストーンが自分を呼んでいるように感じた！」

そんなふうに、パワーストーンを見た瞬間、直感的に魅入られてしまう人も少なくありません。

その石が、その人にとってまさに運命のパワーストーンになる場合もあります。

しかし、電撃的にひとめぼれした恋人と、思いのほか波長が合わず、あっさり破局してしまうことがあるように、直感的に気に入った石が必ずしも自分と波長の合うパワーストーンとは限りません。

自分の直感を信じることも大切ですが、パワーストーン初心者の場合は、専門知識のあるショップスタッフに相談しましょう。

特に複数の石を組み合わせたパワーストーンのブレスレットを作る際は、組み合わせ方を誤ると、石が割れたりすることがあるので、パワーストーンに精通した人に見立ててもらうことをおすすめします。

信頼できるショップ選びは、ドクター選びに似ている

信頼できるパワーストーンショップ選びは、信頼できるドクター選びによく似ています。
いずれも重要なのは、豊富な専門知識と、高い経験値、そして何より相手が信頼できるか否かです。

信頼できるドクターとのご縁は、その人のＱＯＬ（クオリティ・オブ・ライフ＝生活の質）に直結しているといっても過言ではありません。

その人の運命を左右するパワーストーンを扱うショップとのご縁にも、同じことがいえます。

信頼感を持てないドクターだと、「ちゃんと診てくれているのかな?」「こんな治療や薬で本当に治るのかな?」などと疑心暗鬼になります。

どのドクターも信用できず、病院をいくつもはしごすることを「ドクターショッピング」といいます。

今の時代は、担当医とは別のセカンドオピニオンを持つことが珍しくありませんが、度

を越えたドクターショッピングを繰り返していては、お金や時間ばかりかかって治療が一向に進みません。

パワーストーンについても、ショップやスタッフを信頼できないと、そこで手に入れたストーンも信頼できなくなってしまいます。

自分のストーンを信頼できないと、大切に扱おうという意識も希薄になるので、ストーンとの調和を図ることが難しくなりますし、うっかりどこかに置き忘れたりするリスクも高くなります。

強力なパワーストーンだと、身辺に大きな変化が訪れることが多いので、その過程で一見ネガティブなことが起きることがあります。

病の治癒過程で、体内の悪いものが排出されることによって、一時的に吹き出物が出たり、だるくなったりする症状が見られることを「好転反応」といいますが、パワーストーンにも好転反応のような現象が見られます。

たとえば、よくない人間関係に縛られていた人は、パワーストーンを着けた直後に解雇や左遷、別離、離婚など、そこから離れざるを得ないような状況に追い込まれたりすることがあります。

しかし、それによって悪縁からスパッと解き放たれて、その人の人生が劇的に好転していくことが少なくありません。

ただし、もしその過程で、ドクターショッピングのようにパワーストーンショップを転々として、手元のパワーストーンを大切にできなければ、せっかくよいパワーストーンにめぐり会っても、その恩恵を十分に受けられません。

信頼できるドクターとの出会いも、信頼できるパワーストーンショップとの出会いも、ご縁が大切です。

「親しい友人から、ここは評判がすごくいいって聞いた」
「尊敬する先輩のイチオシだったので」
「愛する家族から勧められて」

当店には、身近な人からの紹介や口コミのご縁を伝って来店されるお客さまが大勢いらっしゃいます。

そうしたご縁も、第2章でお話しした〝パワーストーンをめぐる幸福の連鎖〟のひとつといえます。

どのパワーストーンショップがいいか迷っている人は、近しい人の紹介や口コミのご縁を信じてみてはいかがでしょう?

信頼できるパワーストーンショップを見つければ、そこで作ってもらったストーンも信頼することができます。

もしネガティブなことが起こっても動揺せず、「これは一種の好転反応なのかも」と冷静に受け止められます。

それによって、もっと大きな視点で自分の変化を受け入れることが可能になり、人生をよりよい方向に展開していくことができます。

ショップのカウンセリングやアフターケアも重要

パワーストーンをオーダーするとき、話をじっくり聞いたうえで作ってくれるかどうかもショップを選ぶポイントになります。

たとえば私のショップでは、2万人のデータをもとに、独自に開発したパワーストーンや天珠の組み合わせの法則に基づいて、琉球結界ブレス®を制作しています。

その際、まずお客さまひとりひとりに向きあい、パワーストーンを持つことでどんな変化をお望みなのか、どんな未来を思い描いているのかといったことを伺います。

「家族みんなで幸せに暮らせますように」
「とにかくお金持ちになりたい！」
「めちゃめちゃモテたい！」
「何かとてつもなくビッグな仕事がしたい！」

そんなふわっとした願望を抱いている人もいれば、パワーストーンを持つことで叶えたい目標やヴィジョンが非常に明確な人もいます。

「年内にプロジェクトを実現したい」

「来春にこの会社に就職／転職したい」

「誰といつまでに結婚／離婚したい」

「Aの勝負に勝って、Bのステップに進みたい」

その人の願望や思考は、パワーストーンを選ぶうえで非常に重要です。

できれば、漠然とした願掛けより、願いが叶った先のヴィジョンが明確なほうが、パワーストーンのエネルギーもそれに呼応するので、実現性が高くなります。

ただ、カウンセリングするうちに、表面的な願いや目標とは別に、その人自身も気付いていない心の奥の本音や、隠れた問題などが見えてくることがあります。

私はそうしたことも踏まえたうえで、その人のベストなパワーストーンを厳選して、世界にひとつだけのブレスレットを提案しています。

ショップは沖縄にあるので、遠方の方の場合は、電話やメールでお話を伺ってストーンを選定させていただいています。

遠方のお客さまは、インターネットショップで購入されるケースがほとんどです。

「もし遠方のネットショップで購入して、不具合があったりしたら、ちゃんと対応してくれるの？」

「実物を見ないでオーダーして、気に入らないものが届いたらどうするの？」

などと不安になる方もいると思います。

当店の場合は、万が一ブレスレットが気に入らない場合は、ご納得いただくまで調整させていただいています。もしゴムが切れても、無料でお直ししています。

良心的なパワーストーンショップなら、メンテナンスなどアフターケアのシステムをきちんと整えています。

ショップに直接足を運ぶ場合も、ネットショップを利用する場合も、購入前にアフターケアについて確認しておきましょう。

数百円のパワーストーングッズでも効果はある？

最近では、観光地のお土産屋さんなどにも、水晶の飾りのついたストラップや小さな飾りものなどが、パワーストーングッズとして数百円で販売されていたりします。

その一方、数百万円から数千万円もする高価なパワーストーンの巨石やオブジェなどもあり、価格に非常に大きな開きがあるので、何を基準に選べばいいのか混乱してしまう人も多いのではないかと思います。

ダイヤモンドの場合は、「4C（カラー、カラット、クラリティー、カット）」と呼ばれる国際的な基準に基づいてグレード分けされており、それに基づいた相場価格で取引きされています。

しかし、ダイヤモンド以外の四大宝石であるルビー、サファイア、エメラルドをはじめとするパワーストーンには、国際的なグレード分けの基準も、規定の相場価格もありません。

第2章で触れましたが、パワーストーンの価格の差は、ジュエリーと同様、石の大きさやクオリティの違いによって決まります。

大きくてクオリティの高いパワーストーンは、それだけパワーも強力ですから、魔除けや心願成就に素晴らしい効力を発揮します。

たとえば、ストーンを入手してすぐにビッグチャンスを手にしたり、それまで八方塞がりだった状況に急に光明が差したり、九死に一生を得るような不思議な体験をしたりするので、おのずとストーンの効力を実感します。

しかし、小さくてクオリティが低く、安価なパワーストーンは、パワーも小さいので、「身に着けていても別に何の変化もないなぁ……」と効力をほとんど実感できないでしょう。

もちろん、数百円のパワーストーングッズであっても、それを持つ人の気持ち次第で、集中力を高めたり、初心を思い出したりするアンカリングツールとして活用することは可能です。

ただ、パワーストーンとしての効力については、期待できないといえます。

「まずはささやかな願いを叶えるために、手ごろなパワーストーンで試してみたい」という方は、手ごろなパワーストーンをアンカリングツールとして活用するところから始めてもいいでしょう。

「このストーンを持っていても、特に身辺に変化がなく、物足りないな……」と感じたら、もっとパワーの大きなストーンをプラスしていきましょう。

当店でも、最初はたったひと粒のパワーストーンのブレスレットからスタートして、少しずつストーンを追加しているお客さまもいらっしゃいます。

パワーの大きなストーンは、パワーの小さなストーンに活力を与えてくれますし、ストーンのサイズやクオリティが上がると、どのくらいパワーが違ってくるかということを身をもって実感できます。

ステージが上がると、それに応じてより大きなパワーの石が必要になってくるので「このストーンでは物足りない」と感じるときは、自分のステージが上がっているうれしいサインといえます。

そのサインをキャッチして、次なるステージにふさわしいストーンを持つことで、着実にパワーアップできます。

「今の自分を劇的に変えたい」
「絶望的な状況を打破したい」
「大一番で人並外れたパワーを発揮したい」
「前人未踏の領域に挑戦したい」

もしあなたが、そんな大きなチャレンジを切望しているのであれば、パワーの小さなストーンでは焼け石に水です。

大きな山を動かすときには、大きなパワーが必要です。

大きな望みを実現するには、大きな覚悟が必要です。

思い切って相応のパワーを持ったストーンを身に着けることをおすすめします。

パワーストーンのランクは誰が決めている？

「AAAランクの高品質なパワーストーン」
「5Aクラスの最高級パワーストーン」

パワーストーンショップのサイトをご覧になったことがある人は、こんな表記をよく目にするのではないかと思います。

これは、ストーンの色合いや輝き、形状、透明度、希少度などによる、パワーストーンの品質ランクを示しています。

ランクの表示は、最低を「B」として、「BA」「A」「AA」「AAA」の5段階評価が一般的です。

ショップによっては「AAAAAA」などとAが5つ以上並んでいたり、同じAでも「A+」「AA++」のように細分化しているところもあります。

あるいは、EX（エクストラ）や、SA（スペシャルA）といった表示をしているところもあります。

パワーストーンの初心者の方にとって、ランク付けは判断材料のひとつになりますが、こうした表示は各ショップが独自につけている品質ランクであって、世界にも日本にも、パワーストーンの統一基準はありません。

ちなみに、ホテルの格付けも世界的な統一基準がなく、各国の格付け機関によってランク分けされています。

欧米では、その国の観光庁などがホテルの施設やサービスなどを総合的に評価して、星の数などで格付けしています。

近年では、アメリカの格付け機関が、最高グレードを上回るホテルに対して、６つ星や７つ星というスペシャルな格付けを行っていたりもします。

レストランの格付けとしては、フランスの「ミシュランガイド」が有名ですが、これも独自評価によるものです。

パワーストーンの場合は、ホテルやレストランのように特定の格付け機関がなく、あくまでもショップ独自の格付けなので、評価の厳しいショップと、評価が甘いショップでは、同程度の品質のストーンであっても、ランクが異なることがあります。

たとえば、当店はストーンの品質評価基準が非常に厳しい部類なので、他店で最高級の

ＡＡＡランクとなっているストーンでも、当店ではＡランクのストーンという評価だったりします。

パワーストーンの品質の高さは効力に直結するので、品質を示すランクも指標になりますが、Ａの数の多寡だけにこだわるのではなく、相対的に判断するようにしましょう。

右手と左手のどっちに着けるのが理想的？

パワーストーンを身に着ける際、ブレスレットやネックレスにするのが一般的です。指輪にしてもかまいませんが、直径の大きなものだと、衣服などにひっかかってしまう可能性がありますし、手を洗うたびに外さなければならないので、あまりおすすめしません。

「パワーストーンは利き腕に着けたほうがいい？」

右利きの方も、左利きの方も、パワーストーンのブレスレットは「左手」に着けるのがおすすめです。

なぜなら、エネルギーも邪気も、左手から入ってくるからです。

ヒンズー教やイスラム教では、左手は不浄であるといわれています。

仏教の礼拝に用いる仏具の念珠も、必ず左手に持ちます。

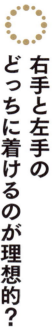

まず、左手で邪気を払い、よいエネルギーを取り込むことで、運気を高めることができます。

ただ、左手に腕時計を着けている方は、リューズなどの突起が当たって、硬度があまり高くないストーンだと傷がついてしまう可能性があります。

左手にパワーストーンのブレスレットを着ける際は、腕時計を右側に着けるようにしましょう。

「左手の薬指に宝石の付いたマリッジリングを着けているけれど、パワーストーンのブレスレットと併用しても問題ない？」

マリッジリングやエンゲージリングも左手につけるものなので、何かしら影響があるのではないかと懸念される方がいらっしゃいますが、まったく問題ありません。

むしろ邪気を払ってくれるので、愛し合うカップルをストーンがしっかり守ってくれます。

指輪に限らず、ジュエリー付きのネックレスやイヤリング、カフスなどのアクセサリーと併用してもかまいません。

「入浴時や就寝時も、左手にずっと着けていたほうがいい？」

パワーストーンのブレスレットは肌身離さず着けていて構いませんが、水に弱いパワーストーンもあるので、基本的にお風呂に入るときは外してください。

スーパー銭湯や温泉、プール、海水浴などに行くときは、ストーンの紛失や変質のリスクをできるだけ軽減するために、あらかじめ外していきましょう。

就寝時は、パワーストーンを着けたままでＯＫです。特に金縛りに遭いやすい方や、悪い夢をよく見る方、寝ても疲れが取れないような方は、パワーストーンが魔除けの役割を果たしてくれるので、着けて寝ることをおすすめします。

浄化用の「クラスター」（詳細は175ページ参照）の上にパワーストーンを載せて枕元に置いて寝ると、ストーンを浄化しながら、魔除けもできて一石二鳥です。

クラスターをお持ちでない場合は、パワーストーンを収納する巾着などに入れて枕元に置いて寝てもよいです。

「パワーストーンのブレスレットを何種類もたくさん着けていい？」

夢や願望が多い方は、それに応じて何種類ものパワーストーンを着けられることがよくあります。

ひとつのブレスレットの中でのストーンの組み合わせについては、ストーンの個々の性質を考慮してデザインする必要がありますが、複数のブレスレットを併用しても問題ありません。

私もその日の体調などに合わせて、よく複数の琉球結界ブレス®を左手に着けています。

当店の常連のお客さまの中には、左手首から左ひじ近くまで、パワーストーンのブレスレットを何本も付けている方もいらっしゃいます。

「きらきら輝くたくさんのカラフルなストーンを眺めているだけで、癒されたり、元気が湧いてきたりする」

そんな声を伺うこともあります。自分に合うパワーストーンをたくさん身に着けると、大勢の心強い味方が守ってくれているような気持ちになって、心からほっと安心できたり、じわじわパワーが湧いてくるのを感じるはずです。

球形のストーンは悪いものを吸い取ってくれる！

パワーストーンと呼ばれる天然石の原石は、ゴツゴツしていたり、不透明だったりしますが、ブレスレットなどに使われるパワーストーンは、表面がツヤツヤしたきれいな球形で、透明感があります。

実は、球形のパワーストーンは機械で磨くことができないため、すべて手作業で磨かれています。

球形のパワーストーンは、魔除けになるだけでなく、持ち主の悪いものを吸い取ってくれます。

たとえるなら、体内の老廃物や毒素を除去してくれる肝臓や腎臓のようなデトックス機能を持っているのです。

悪いものがデトックスされれば、その分、持ち主は元気を取り戻します。

科学的なエビデンスがあるわけではありませんが、強力なパワーストーンを持つことで、大病から奇跡的に復活する人が少なくないのは、こうした作用によるものなのではないかといわれています。

ただ、悪いものが溜まり過ぎると、ストーンが白く曇ったり、黒っぽく濁ったりしてきます。

「えっ！せっかく高価なパワーストーンを買っても、そんな風に変色してしまったら台なし！」

と思われるかもしれませんが、ご安心ください。曇ったり、濁ったりしても、浄化することで、ストーンはもとの透明感や輝きを取り戻します。


ストーンの浄化方法は172ページで詳しくご説明しますが、問題なのは、持ち主よりパワーの弱いストーンを着けたときです。

パワーの弱いストーンは、持ち主の悪いものを吸い取るパワーがなく、逆に持ち主のよいパワーを吸い取ってしまうことがあるからです。

もしパワーストーンを着けても、あまり元気が出ないときは、あなたのほうがストーンよりパワーが強い可能性があります。

「前はこのストーンを着けると体調がよかったのに、最近はぱっとしないな」

という場合は、あなたのステージが上がって、もうそのストーンではパワー不足になっていると思われます。

ステージが上がれば、それだけ願望を実現する可能性も高まりますが、その分、課題が増えて、ストレスも多くなるので、パワーの弱いストーンでは対処しきれなくなってきます。

そういう場合は、もっとパワーの強いストーンを持つことで、持ち主のストレスやネガティブな要素を吸い取って軽減してくれます。

ブレスレットは手首に当たるので球形のパワーストーンが使われますが、ネックレスなどは、角張った形にカットされたパワーストーンが使われることがあります。

角張ったカットのパワーストーンは、球形のストーンよりも悪いものを跳ね返してくれる力が強力です。

人気スターやトップアスリートの中には、角張った大きな魔除けのパワーストーンのネックレスなどを着けている人がしばしば見受けられます。

華やかな世界や勝負の世界には、思わぬ魔が潜んでいることが多いので、魔除けの力が強いパワーストーンを求める人が必然的に多くなるのだと思います。

ビジネスの世界も、足を引っ張るライバルや、戦いを挑んでくる競合などが有象無象にいます。角張ったパワーストーンで魔を除けつつ、球形のパワーストーンでストレスや疲れを軽減しましょう。

パワーストーンを誰かにプレゼントしてもいい？

「パートナーの誕生祝いに愛情を育むパワーストーンをプレゼントしたい」
「子どもの合格祈願に、集中力アップのパワーストーンを持たせたい」
「がんばっている友人に、癒しになるパワーストーンを贈りたい」
「高齢のペットに、健康に役立つパワーストーンの首輪をあげたい」

そんなふうに、パワーストーンを誰かにプレゼントするのは、とてもすばらしいことです。

第2章の実例でも、大病を患っているお父さまに、お嬢さんが病気回復のパワーストーンを贈られたお話や、お世話になっている常連客への恩返しに高価なパワーストーンのブレスレットをプレゼントされた料理店の方のエピソードをご紹介させていただきました。

パワーストーンを贈ることで、より多くの人が幸せになっていくのは、まさにパワーストーンによる幸せの連鎖といえます。

愛する家族やパートナー、大切な友人、お世話になっている人――そんなかけがえのない人たちに幸せのおすそ分けをすることで、めぐりめぐってその幸せがまたあなたのもとに還ってきます。

ただ、自分が身に着けていたパワーストーンのブレスレットが合わなくなったから誰かにお下がりで譲るといった行為はＮＧです。

基本的に、誰かが使っていたパワーストーンを他人にあげたり、貸したりするのはご法度です。

アンティークショップなどで、誰が使っていたか分からないストーンのついたアクセサリーなどを求めるのも、あまりおすすめできません。

例外として、その家で大事に受け継がれているパワーストーンのアイテムを子どもが引き継ぐのであればＯＫです。

また、犬や猫にパワーストーンの首輪をつけてあげるのもＯＫですが、動物は人間よりも天然のものに対して敏感なところがあったり、紐をちぎったりする可能性があるので、ペットの様子を見ながらご使用ください。

これだけはやってはいけない！
パワーストーンのタブー

パワーストーンの中には、水に弱いものが少なからずあります。

インカローズ、ラピスラズリ、ターコイズ、シトリン、ギベオン、パール、カルサイト、ヘマタイト、マラカイト……などなど枚挙にいとまがなく、よほどパワーストーンに精通していないと、全部把握するのは大変です。

入浴時などに着けるのはNGだというお話をしましたが、特に複数のパワーストーンを組み合わせたブレスレットの場合、水に弱いストーンだけをいちいち外したりできないので、基本的に水道水や塩水で洗うのは避けましょう。

洗剤や洗顔料などもストーンの変質原因になる可能性があるので、料理や洗面の際も外しておくことをおすすめします。

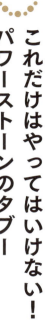

万が一、パワーストーンをうっかり濡らしてしまったときは、すぐにきれいな布で水分を拭きとってください。

もし雨水や洗剤などがかかってしまった場合は、きれいな流水でサッと洗ってから水分を拭きとって、風通しのいい場所で自然乾燥させましょう。

乾燥させる際、直射日光に当ててしまうのもＮＧです。

なぜなら、ローズクオーツやラピスラズリ、アメジスト、オパール、アクアマリン、シトリン、アンバー（琥珀）など、パワーストーンの中には太陽光に当たると退色してしまうものが多いからです。

室内にパワーストーンを飾るときも、直射日光が差し込む窓辺は避けましょう。

パワーストーンのブレスレットを身に着ける際も、アウトドアで直射日光の下に長時間いるときは、日光の当たらないところにしまっておきましょう。

また、原石のパワーストーンは凹凸が多いので、部屋に飾っておくと、どうしてもホコリや汚れが溜まりやすくなります。

ホコリはカビの原因にもなるので、カメラのレンズなどを風圧で清掃するブロワーなどのアイテムを使ってこまめに清掃しましょう。

浄化すれば、弱ったパワーストーンも復活！

「いつの間にかパワーストーンが、白くもやもや曇ってしまった……」

「きれいだったパワーストーンが、どんより黒ずんでしまった……」

パワーストーンを身に着けていると、そんな変化がときどき起こります。

変化が起こるのは、天然石である証しなので、がっかりすることはありません。

ストーンを浄化することで、本来の輝きや透明感を取り戻すことができます。

「仕事でハードな商談が続いて疲労困憊……」

「営業で頑張り過ぎてヘトヘト……」

「慣れないパーティに参加してぐったり……」

そんなとき、パワーストーンがもやもやと白く曇ったり、うっすら黒ずんだりすることがあります。

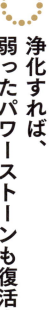

汚れを迅速に吸い取ってくれるスポンジのように、パワーストーンが持ち主の疲労をどんどん吸い取ってくれた結果、パワーストーン自体が曇ったり濁ってしまうのです。ストーンの曇りや濁りは、そもそもは持ち主の中にあったものですから、そうしたネガティブなものを吸い出してくれたストーンに感謝して、速やかに浄化しましょう。

もしそのままの状態でパワーストーンを身に着けていると、ストーンがもっと曇り、色褪せたり、ひび割れたり、陥没するなど、さらに悲惨な姿に変化してしまいます。

そんな状態のストーンを身に着けていても、本来の力を発揮することができません。

浄化とは、簡単にいうとストーンが吸い取ってくれたネガティブなものをきれいにすることです。

パワーストーンをうっかり床や地面に落としてしまったりしたときも、浄化する必要があります。

週に2、3回の頻度で浄化することで、パワーストーンの曇りや濁りが消えて、クリアな輝きを取り戻せます。

浄化にはさまざまな方法があり、誰でもすぐにできます。有効な方法をいくつかご紹介します。

「さざれ石」で浄化

「さざれ石」とは、「小さな石」という意味です。

火山の噴火で石灰岩が分離集積して凝固した岩石で、年月とともに成長して岩になると古来より信じられています。

国家の『君が代』にも、「さざれ石の巌となりて――」という一節が出てきますが、この原典は『古今和歌集』に詠まれている生き石伝説といわれています。

京都の「下鴨神社」や「北野天満宮」、鎌倉の「鶴岡八幡宮」など、日本各地の神社にも、神霊が宿るといわれる「さざれ石」が祀られています。

さざれ石

パワーストーンの浄化に使われる「さざれ石」は、そうした神社に祀られているような小石の凝固した岩石状のものではなく、水晶のように浄化力の高いパワーストーンが小石状になったものです。

当店でも、お客さまに水晶の「浄化用さざれ石」をプレゼントしています。平らなお皿の上にさざれ石を敷いて、その上にパワーストーンのブレスレットを置くだけで浄化することができます。

水晶のさざれ石は水にも強いので、水洗いもできます。

「クラスター」で浄化

クラスターとは、「群生」を意味する英語で、水晶の結晶が長い年月をかけて群生したものです。

水晶そのものも浄化力の高いパワーストーンですが、クラスターは水晶が集まって成長したものなので、とりわけ浄化力に優れています。

中でもヒマラヤ山脈一帯で産出されるヒマラヤ水晶のクラスターは、さまざまなサイズがあり、パワーストーンのブレスレットをそこに一晩置くだけで、浄化できます。

水晶のクラスターの側にいるだけで、心が現れるような清々しい気分になれます。

クラスター

「セージ」を焚いて浄化

「セージ」は、シソ科の多年草または常緑低木で、「薬用サルビア」という和名の通り、古くから薬用に利用されていました。

優れた殺菌作用などの薬効があるため、「セージがある家は、医者いらず」といった健康長寿にまつわる言い伝えが世界各地にあります。

肉料理のスパイスとしても有名で、一説では、ソーセージの語源も、セージに由来するそうです。

先住インディアンは、乾燥させたセージをはじめとするハーブに火を点けて、そこから立ち昇る煙で穢れを浄化する伝統儀式を行っていました。

また、チベット伝統のお香「チベット香」にも、セージが練り込まれたものがあり、浄化に用いられています。

チベットセージ

パワーストーンの浄化にも、セージが役立ちます。

灰皿やお香を載せる器に、乾燥させたセージの葉をひとつまみ盛り、マッチで火を点けます。乾燥セージは、スパイス用に売られているものでもかまいません。

炎が消えて、煙が立ち昇ったら、そこにストーンをかざして、煙でストーンを包み込むようにして浄化します。

セージのスッと清浄な香りが漂うと、凛とした気持ちになります。

あまりたくさん燃やしすぎて、煙でもくもくにする必要はありません。

ほんのひとつまみでもセージを焚くと、室内の空気も浄化されるので、毎日焚くことをおすすめします（火の始末にはお気を付けください）。

セージにもいろいろな種類がありますが、当店では浄化力の高いチベットセージをおすすめしています。

大自然の息吹で浄化

パワーストーンはもともと自然の中で長い年月をかけて育ってきたものです。

海や山、川、滝、森など、美しい自然の中に持っていくと、自然の息吹と共鳴して、本来の澄んだ輝きを取り戻します。

また、神聖な神社や、古くから聖地とされてきた場所にパワーストーンを持っていっても、輝きがぐっと増すことがあります。

第1章でもお話ししましたが、神社で夫が天珠やルチルクオーツを着けていると、普段よりもきらきら輝き、「それは何ですか?!」と、たくさんの人々があちこちから引き寄せられるように近付いてくるという不思議な体験をしたことがあります。

パワーストーンをお持ちの方は、ぜひ試してみてください。

神社にパワーストーンを持っていくなら、1日のうちで最も清らかな気配に満ちた早朝から午前中にしましょう。

朝の澄んだ光を浴びたストーンは、まるで清浄な息吹を吸って深呼吸しているように生き生きとした光を放ちます。ただし、直射日光は退色の原因になるので、長時間当てすぎないようにしましょう。

パワーストーンの異変を見逃さないで！

「大切に使っていたのに、パワーストーンに傷ができてしまった！」
「ぶつけたり落としたりしたわけでもないのに、パワーストーンが割れた！」
「引っ張ったわけでもないのに、パワーストーンのブレスレットのゴム紐が切れた！」
「いつの間にかパワーストーンが消えてしまった！」

パワーストーンを持っていると、こうした異変が起こることがあります。

不吉なことの予兆ではないかと怖くなってしまうかもしれませんが、むしろストーンに感謝したくなるようなできごとです。

なぜなら、異変が起こるのは、パワーストーンが邪悪なものから持ち主の身を護ってくれた証しだからです。

魔をよけるためにパワーストーンが身代わりとなって割れたり、ブレスレットの紐が切れたりするのです。

第2章で、スモーキークオーツがパキパキ音をたてて壊れたり、観音天珠の肩に槍が刺さったような絵が現われたりしたことで、持ち主が病に気付いたり、病が消えた実例をご紹介しましたが、ストーンはさまざまなかたちで異変を起こしながら、持ち主をけなげに護っているのです。

また、持ち主の願いが叶う兆しが出てきたときや、持ち主が成長してストーンよりもパワーが強くなったときにも、何かしら異変が起こることがあります。

パワーストーンの異変は、持ち主のステージが変わりつつある貴重なサインでもあるので、小さな異変も見逃さないことが大切です。

「自分の状態を確認する意味でも、ストーンに傷ができていないか、毎日入念にチェックしていますよ」

「早く次のステージに行きたいから、不謹慎かもしれないけど、ブレスレットの紐が切れるのを楽しみに待っているの」

当店の常連のお客さまの中には、そんな方もいらっしゃいます。

パワーストーンを長年愛用している上級者は、ストーンの異変が魔を除けた証しだったり、自分のステージが変わる予兆だったりすることを経験的によく知っているのです。

壊れたパワーストーンの行き先は？

パワーストーンの小さな傷は、浄化によって消えますが、大きな傷ができたり、破損したり、あるいはどんなに浄化しても復活しないほどどす黒くなった場合は、パワーストーンの役目を終えたしるしです。

自然の大地から生まれたストーンを、自然の土に還してあげましょう。

「ありがとうございます。おつかれさまです」

身を挺してがんばってくれたパワーストーンに感謝と慈しみの気持ちを込めて、庭木やベランダの植木、室内の観葉植物などの根元に、役目を終えたストーンをそっと埋めてあげましょう。

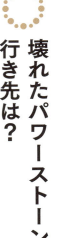

黒ずんだり壊れたりしたストーンを埋めたからといって、植物に悪影響が出ることはありません。

ちなみに、庭木が枯れたり、ベランダや室内に観葉植物を置いても、すぐにしおれてしまうような場合は、そこにかなり悪い気が溜まっているといえます。

逆に、植物が旺盛に育つところは、よい気がみなぎっているといえます。

もし植物がすぐに枯れても、植物が悪い気をどんどん吸ってくれるので、諦めずに新たな植物を投入してください。

何度か植物を取り換えているうちに、滞留していた悪い気が浄化されて、植物が枯れなくなります。

パワーストーンは悪い気を受けると、濁ったり、壊れたりして持ち主を護ってくれますが、植物は枯れたりしおれたりして、悪い気を浄化してくれるのです。

パワーストーンに異変はないけれど、ブレスレットのゴム紐が切れた場合は、ゴム紐を交換する必要があります。

購入したショップに連絡してメンテナンスしてもらいましょう。

当店の琉球結界ブレス®の場合は、手首にはめて日常的にお使いいただくことを前提にお作りしているので、簡単に切れることはありません。

市販のゴムよりも太く、耐久性のある丈夫なゴム紐を使っており、結び方も4重にしていますから、同時に何本も切れることはまずありえません。

万が一、1～2本切れたとしても、残りの2～3本はつながっていますので、すぐにストーンがばらばらになって飛び散ってしまう心配もありません。

ブレスレットを何年もご愛用いただいている場合は、ゴムの経年変化で切れる可能性も考えられますが、ごくまれに、購入された直後に切れてしまうことがあります。

琉球結果ブレス®はパワーストーンや天珠を円環にしてゴムでつなぐことで強力な結界を張っているので、それが切れるということは、よほど強い魔から持ち主を護ってくれたのではないかと考えられます。

たとえ1本切れただけでもゴム交換しないまま使うと、ストーンが本来のパワーを発揮できない可能性があるので、当店ではお客さまにお手数ながら送り返していただいて、無料でゴムの修正・調整をさせていただいています。

多忙な日々を送っていると、ストーンやゴムの状態に気付かないことがありますが、ストーンは持ち主を映す鏡ともいえるので、こまめにチェックするようにしましょう。

おわりに

私は1976年に長崎県の五島列島にある小さな島で生まれました。田舎育ちだった私は、都会に出てさまざまな経験をしてきました。よいことも悪いことも含めて、自分自身の境遇、自分の大切な存在、自分をとりまく複雑な人間関係――「本当にそんなことが起こるの？」というようなできごとの連続でした。

自分の人生を劇的に好転させたい！――この本にはそんなフレーズをたくさん書きましたが、それは誰よりも私自身が心の底から願っていたことでした。

20代の後半頃から、私は自分自身の運命について考える中で、運や運命についての勉強を始めるようになり、それを活かすビジネスを模索しながら全国を旅するようになりました。

そして、東京でビジネスを始めようとしていた矢先の2011年3月11日、東日本大震災が起こり、一時避難のつもりで沖縄に向かいました。

それが沖縄と私のご縁の始まりでした。

まさか、そのままそこに根を下ろすとは思っていませんでしたが、島全体が巨大なパワースポットともいえる沖縄に、とても魅かれるものを感じました。

やがて、この島でパワーストーンの奥深さに目覚めた私は、最強のパワーストーンを追い求めて「琉球結界ブレス®」を生み出しました。
すると、口コミで全国からオーダーが舞い込むようになり、いままでうまくいかなったことがどんどんいい波に変わっていったのです。

若いときはつらいことやうまくいかないことがたくさんあったけれど、私の人生が大きく変わったのは、まぎれもなくパワーストーンのサポートのおかげです。
私自身の人生を大きく好転させてくれたパワーストーンの力を、もっともっと多くの人に活用していただくことが私の使命だと思っています。

大切に思う人たちが幸せで、豊かであることを願いつつ、パワーストーンによって、ひとりでも多くの人が豊かになり、健康になり、夢を叶えて幸せになれば、幸せがどんどん伝播して、家族や身の回りの大切な仲間も幸せになり、幸せの連鎖が続きます。
ぜひ、あなたもパワーストーンの魅力を大切な人に伝えることで、自分の周りに幸せのウエイブを広げてください。

桑原みどり

桑原.み:どり

1976年12月長崎県生まれ。
一般社団法人国際占術鑑定協会代表理事
シンシキコンサルティング株式会社代表取締役

独自の占術とプロファイリングをもとに
全国にて講演会を行う。
沖縄に移住したことをきっかけに、天然石の魅力を感じ、
『はっぴーすぽっと』店舗と通販にて
全国的に天然石の販売を始める。
https://hpspot.jp/midori/

出版プロデュース
株式会社天才工場　吉田 浩

編集協力
株式会社ＡＩＳＡＩ　早川 愛
轡田 早月

運命《うんめい》を変《か》える石《いし》の力《ちから》

成功する人はなぜ、パワーストーンをつけているのか？

二〇一八年（平成三十年）十一月十三日　初版第一刷発行
二〇二二年（令和四年）七月七日　初版第四刷発行

著　者　桑原 みどり
発行者　石井 悟
発行所　株式会社自由国民社
東京都豊島区高田三—一〇—一一
〒一七一—〇〇三三　https://www.jiyu.co.jp/
電話〇三—六二三三—〇七八一（代表）
造　本　ＪＫ
印刷所　新灯印刷株式会社
製本所　新風製本株式会社